コトラーの
マーケティング
5.0
デジタル・テクノロジー時代の革新戦略

フィリップ・コトラー
ヘルマワン・カルタジャヤ
イワン・セティアワン
恩藏直人＝監訳
藤井清美＝訳

MARKETING 5.0
TECHNOLOGY FOR HUMANITY

朝日新聞出版

コトラーのマーケティング5.0

◉

目次

第1部 INTRODUCTION

序論

第1章

マーケティング5.0へようこそ 人間のためのテクノロジー

第2部 デジタル世界でマーケターが直面する課題

CHALLENGES MARKETERS FACE IN A DIGITAL WORLD

第2章 世代間ギャップ ベビーブーム世代とX、Y、Z及びアルファの各世代に対するマーケティング

第3章

富の二極化

第4章

デジタル・ディバイド

第3部

NEW STRATEGIES FOR TECH-EMPOWERED MARKETING

テクノロジー支援マーケティングのための新戦略

第5章 デジタル化への準備度が高い組織

第6章 ネクスト・テクノロジー 人間のようなテクノロジーが離陸する時だ

第4部

NEW TACTICS LEVERAGING MARKETING TECH

マーケティング・テクノロジー活用の新戦術

第11章 拡張マーケティング
テクノロジーを活用したヒューマン・インタラクションを提供する

第12章 アジャイル・マーケティング 305
迅速かつ大規模に業務を実行する

コトラーのマーケティング 5.0
デジタル・テクノロジー時代の革新戦略

マーケティングの目的は一貫して、人々の生活を向上させ、共通善に貢献することだ
——フィリップ・コトラー

すべてのアジア人、とりわけアジア・マーケティング連盟の仲間たちへ。われわれマークプラス社の役員・スタッフは、1998年以来、マーケティングX.0シリーズを含む多くの書籍のために「新たな知」の宝庫であるフィリップ・コトラーと協働してきたことを心から誇りに思っている。

——ヘルマワン・カルタジャヤ

本書執筆中に他界した母シンタと娘キーブリンの愛に満ちた思い出に捧げる。わたしの家族たち——父セティアワン、妹シスカ、妻ルイーズ、息子ジョビン——に、彼らの限りない愛と思いやりに対する感謝の思いを伝えたい。

——イワン・セティアワン

MARKETING 5.0: Technology for Humanity
by Philip Kotler, Hermawan Kartajaya, and Iwan Setiawan

— Book Design —

遠藤陽一（designworksphopijin;Inc.）

作図　小原めぐみ

第1部

序論《じょろん》

INTRODUCTION

※補足説明が必要な箇所には訳注を〈　〉で入れた。

第1章

マーケティング5.0へようこそ

人間のためのテクノロジー

WELCOME TO MARKETING 5.0

われわれがシリーズ第一作の*Marketing 3.0: From Products to Customers to the Human Spirit*（『コトラーのマーケティング3・0——ソーシャル・メディア時代の新法則』）を書いたのは、二〇〇九年のことだった。同書は以来、世界各地の二十七の言語で翻訳、出版されてきた。サブタイトルが示すとおり、同書は製品中心のマーケティング（1・0）から顧客中心のマーケティング（2・0）へ、さらに人間中心のマーケティング（3・0）へという大きな変化を描き出している。

マーケティング3・0では、顧客は自分の選ぶブランドから機能的・感情的満足だけでなく、精神的充足も得ることを期待する。したがって、企業は自社の価値観に基づいて差別化を図る。企業の製品や事業は、利益をもたらすことだけでなく、世界のもっとも難しい社会問題や環境問題に解決策を提供することもめざすのだ。

マーケティングが製品中心から人間中心の考え方に進化するには七十年近い歳月を要した。その長い進化の間に、いくつかのマーケティング・コンセプトが時の試練に耐えて生き残ってきた。なかでも、セグメンテーション、ターゲティング、ポジショニングというコンセプトは、その「伝統的」性格にもかかわらず、製品（product）、価格（price）、流通（place）、プロモーション（promotion）の4Pモデルとともに、世界中で現代のマーケターにとって普遍的なものになっている。

われわれは『マーケティング3・0』を伝統的マーケティングの究極段階とみなしてきた。同書には伝統的マーケティングの構成要素、すなわち顧客へ知的（1・0）、感情的（2・0）、精神的（3・

0』に対応することが含まれていた。十年前に出版された本ではあるが、『マーケティング3・0』の妥当性は、Y世代やZ世代の人口が主流になっている今日の時代にさらに明白になっている。若者たちは社会のことを本気で心配して、企業がビジネスモデルにソーシャル・インパクト〈社会的影響〉を取り入れざるをえない状況を生み出した。

マーケティング4・0——デジタルへの転換

二〇一六年にシリーズ第二作となる *Marketing 4.0: Moving from Traditional to Digital*（『コトラーのマーケティング4・0——スマートフォン時代の究極法則』）を書いた時、われわれはサブタイトルが示すように「デジタル」に方向転換した。同書では、「デジタル世界におけるマーケティング」をデジタル・マーケティングと区別した。デジタル世界におけるマーケティングは、デジタル・メディアやデジタル・チャネルだけを使うわけではない。デジタル・ディバイド〈情報通信技術を利用できる人々と利用できない人々との間に生じる情報格差〉はいまだに解消されていないので、マーケティングはオンラインに加えてオフラインのチャネルも使うオムニ・チャネル・アプローチをとる必要がある。このコンセプトは、製造業の分野でフィジカルとデジタルを融合させたシステムが使われるインダストリー4・0――ドイツ政府の高次の戦略――から一部ヒントを得たものだ。『マーケティング4・0』におけるテクノロジーの使い方はかなり基本的だが、同書はカスタマー・ジャーニーの全行程でハイブリッドの――フィジカルとデジタルの――タッチポイント〈顧客との接点〉を実現するための、新しいマーケティングの枠組みを紹介した。同書はこれまでに世界各地の二十四の言語で翻訳、出版されており、企業がマーケティング活動にデジタル化を取り入れる後押しをしてきた。

しかしながら、マーケティング・テクノロジー〈マーテック〉の活用の仕方は、ソーシャル・メディアでコンテンツを配信するとか、オムニ・チャネルを構築するといったことより、はるかに幅広い。人工知能（AI）、自然言語処理（NLP）、センサー技術、モノのインターネット（IoT）などは、マーケティングのやり方を一変させる大きな可能性を秘めている。『マーケティング4・0』ではこれらの技術を除外していた。同書を執筆していた時点では、これらの技術はまだ主流になっていなかったからだ。それに、マーケターはまだデジタル世界への移行・適応期にあった。だが、新型コロナウイルス感染症（COVID–19）のパンデミックは、企業のデジタル化を確実に加速させてきた。ロックダウン政策が実施され、フィジカル・ディスタンス〈物理的距離〉をとることが推奨される中で、マーケットもマーケターも非接触でデジタルの新しい現実に適応せざるをえなくなった。

したがって、今こそ*Marketing 5.0: Technology for Humanity*〈マーケティング5・0――人間のためのテクノロジー〉の出番だと、われわれは思っている。企業がマーケティングの戦略、戦術、実行で先進技術の力をフル活用する時が来たのである。本書は、スマート技術に支えられたサステナブルな社会へのロードマップを含んでいるソサエティ5・0――日本の高次の構想――からも、一部ヒントを得ている。テクノロジーは人間のために活用されるべきだという考えに、われわれも賛同している。つまり『マーケティング5・0』は、マーケティング3・0の人間中心という要素とマーケティング4・0のテクノロジーによるエンパワーメント〈力の付与〉という要素の両方を含んでいるのである。

マーケティング5・0の出番が来た

マーケティング5・0は、世代間ギャップ、富の二極化、デジタル・ディバイドという三つの大きな課題を背景に登場する。態度や選好や行動が大きく異なる五つの世代が地球上でともに暮らしているのは、今が史上初めてだ。ベビーブーム世代とX世代は、まだ企業でリーダー的地位のほとんどを占めており、他の世代より高い購買力を持っている。しかし今では、デジタルに精通しているY世代とZ世代が、最大の労働力人口はもちろん最大の消費市場も構成している。ほとんどの決定を下す年配の企業役員と、もっと若い管理職や顧客たちとの断絶は、重大な障害になるだろう。

マーケターは慢性的な不平等と不均衡な富の分配という、市場を二極化させる問題にも直面するだろう。高収入の仕事を持つ上流層は増加しており、ぜいたく品市場を活気づけている。もう一方の極であるピラミッドの底辺も拡大しており、低価格の値打ち品を求める大きなマス市場を形成している。ところが、中間の市場は縮小しており、消滅しつつあるとさえいえる状態で、企業は生き残るために上流層か下流層のどちらかにターゲットを移さざるをえなくなっている。

さらに、マーケターは、デジタル化がもたらす可能性を信じている人々とそうでない人々とのデジタル・ディバイドを解決しなければならない。デジタル化は未知のものに対する恐怖に加えて、雇用喪失の脅威とプライバシー侵害の懸念をもたらす。その一方で、爆発的な成長と人類のよりよい生活という明るい見通しももたらす。企業は技術の進歩が持続するとともに、怒りの対象にならないようにするために、デジタル・ディバイドを打ち破らなければならない。デジタル世界でマーケティング5・0を実行するときマーケターが直面するこれらの課題については、本書の第2部（第2〜4章）で考察する。

マーケティング5・0とは何か

マーケティング5・0とは、人間を模倣した技術を使って、カスタマー・ジャーニーの全行程で価値を生み出し、伝え、提供し、高めることだ。マーケティング5・0の重要なテーマの一つが、マーケターの能力を模倣することをめざす一群のテクノロジー、いわゆるネクスト・テクノロジーである。こうしたネクスト・テクノロジーには、AI、NLP、センサー、ロボティクス、拡張現実(AR)、仮想現実(VR)、IoT、ブロックチェーンなどがある。これらの技術の組み合わせが、マーケティング5・0のイネーブラー〈実現を可能にする要因〉となる。

AIは長年、人間の認知能力、とりわけ構造化されていない顧客データから学んで、マーケターにとって役立つ可能性がある知見を見つける能力を再現するために開発されてきた。他のイネーブリング・テクノロジー〈実現技術〉と組み合わせれば、適切な顧客に適切なオファーを提供するために利用することもできる。ビッグデータ分析ツールは、マーケターが個々の顧客に合わせてマーケティング戦略をパーソナライズすること――「セグメント・オブ・ワン」マーケティングとして知られるプロセス――を可能にする。今日では、こうした慣行がますます主流になってきている。

マーケティング5・0の次のような例を検討してみよう。AIの機械学習のおかげで、企業は特定の機能を持つ新製品が成功する可能性を予測するのに、予測アルゴリズムの支援を受けることができる。これによって、マーケターは新製品開発プロセスの多くの手順を省略することができる。たいていの場合、これらの予測は時代遅れの市場調査より精度が高く、時間のかかるコンセプト調査よりスピーディに知見を生み出す。たとえばペプシコは、ソーシャル・メディア上での顧客の会話を詳しく分析し、その分析に基づいて新しい飲料製品を定期的に発売している。

AIは購買パターンを明らかにして、eコマース小売企業が特定の顧客集団のプロフィールに基づいて適切な製品やコンテンツをレコメンド〈推奨〉するのを助ける。推奨エンジンは、eコマース小売企業や、アマゾン、ネットフリックス、ユーチューブなど、デジタル企業の重要な差別化ツールとなっている。推奨エンジンは過去の購入履歴を継続的に分析して、顧客の動的なセグメンテーションやプロファイリングを行い、一見無関係に見える製品間の隠れた関係を見つけ出してアップセル〈より上位で高価な製品を購入させること〉やクロスセル〈他の製品を併せて購入させること〉に繋ぐことができる。

ABインベブ、チェース、レクサスなど、さまざまな業種の企業が、人間の関与を最小限に抑えながら広告を開発するためにAIを活用している。バドワイザーやコロナなどのビールを製造しているABインベブは、それぞれの広告出稿がどれくらい効果を上げているかを測定し、そこから得られた知見を制作チームにフィードバックして、より効果的な広告を生み出そうとしている。チェースは自社のバナー広告のコピーを、人間のコピーライターではなくＡＩエンジンに書かせた。レクサスは新しい大型高級セダン車「ＥＳ」のテレビ広告を制作するために、ぜいたく品市場で実施された過去十五年間の受賞キャンペーンを分析した。そして、すべてＡＩによって書かれた台本を使い、アカデミー賞受賞監督を雇ってコマーシャルを撮影させた。

マーケティング５・０の実行は、バックオフィス業務だけを対象とするものではない。ＮＬＰやセンサーやロボティクスと組み合わせれば、ＡＩは顧客対応活動でもマーケターを手助けできる。もっともよく知られているＡＩの活用例の一つは、顧客サービス用チャットボットだ。社会の高齢化やコストの上昇など、人的資源上の課題に直面して、一部の企業は現場スタッフの代わりとしてもロボットや他の自動化手段を使っている。たとえばネスレ日本は、ＡＩ搭載ロボットにコーヒーの給仕をさせている。アメリカのホテルチェーンのヒルトンは、ロボットのコンシェルジュを実験的に使っており、イギリスの小売最大手テスコはレジ係を顔認識カメラに置き換えることをめざしている。

小売企業はセンサーとＩｏＴを使うことで、実店舗空間でデジタル体験を提供することができる。たとえば小売店の顔検知スクリーンは、買い物客のデモグラフィック属性を推定して適切なプロモーションをオファーすることができる。アメリカの薬局チェーン・ウォルグリーンのデジタル・クーラーはその好例だ。セフォラやイケアが使っているようなARアプリは、買い物客が購入を決める前に製品を試してみることを可能にする。メイシーズやターゲット(Target)は、店内の経路案内や対象を絞ったプロモーションのためにセンサー技術を利用している。

これらの技術の中には、マーケターにとって荒唐無稽《こうとうむけい》で、こけおどしに聞こえるものさえあるかもしれない。だが、これらの技術が近年どれほど手頃な価格になり利用しやすくなっているかを、われわれは理解し始めている。グーグルとマイクロソフトが開発したオープンソースのAIプラットフォームは、企業にとって手軽に利用できる。月次サブスクリプション方式で利用できるクラウドベースのデータ分析ツールには、いくつもの選択肢がある。非技術系の人間でも使えるユーザーフレンドリーなチャットボット構築プラットフォームも、多種多様な選択肢から選ぶことができる。

われわれは本書で、マーケティング5・0を高次の戦略的視点から探求する。高度なマーテックを利用するノウハウをある程度取り上げはするが、本書は技術書ではない。われわれの基本理念は、「技術は戦略に従うべきだ」である。したがって、マーケティング5・0のコンセプトはツールを問わない。企業は市場で入手できるいかなる支援ハードウェアや支援ソフトウェアを使ってでも、マーケティング5・0を実行できる。ただし、それらの企業には、さまざまなマーケティング上の使用例に適切な技術を使う戦略をどのように設計するべきかを理解しているマーケターが存在していなければならない。

図1-1 / 新しい顧客体験(CX)のために活用されるネクスト・テクノロジー

テクノロジーに関する詳細な論述にもかかわらず、依然として人間がマーケティング5・0の中心であるべきだと指摘しておくことは重要だ。ネクスト・テクノロジーは、マーケターがカスタマー・ジャーニーの全行程にわたって価値を生み出し、伝え、提供し、高める手助けをするために使われる。摩擦のない魅力的な新しい顧客体験(CX)を生み出すことが目的である【図1-1】。それを実現するにあたり、企業は人間の知能とコンピューターの知能とのバランスのとれた共生を活用しなければならない。

AIには、大量のデータからそれまで知られていなかった顧客の行動パターンを見つけ出す能力がある。だが、AIの演算能力が高度であるにもかかわらず、人間だけ

図1-2／人間はテクノロジー主導のマーケティングにどのように価値を加えるか

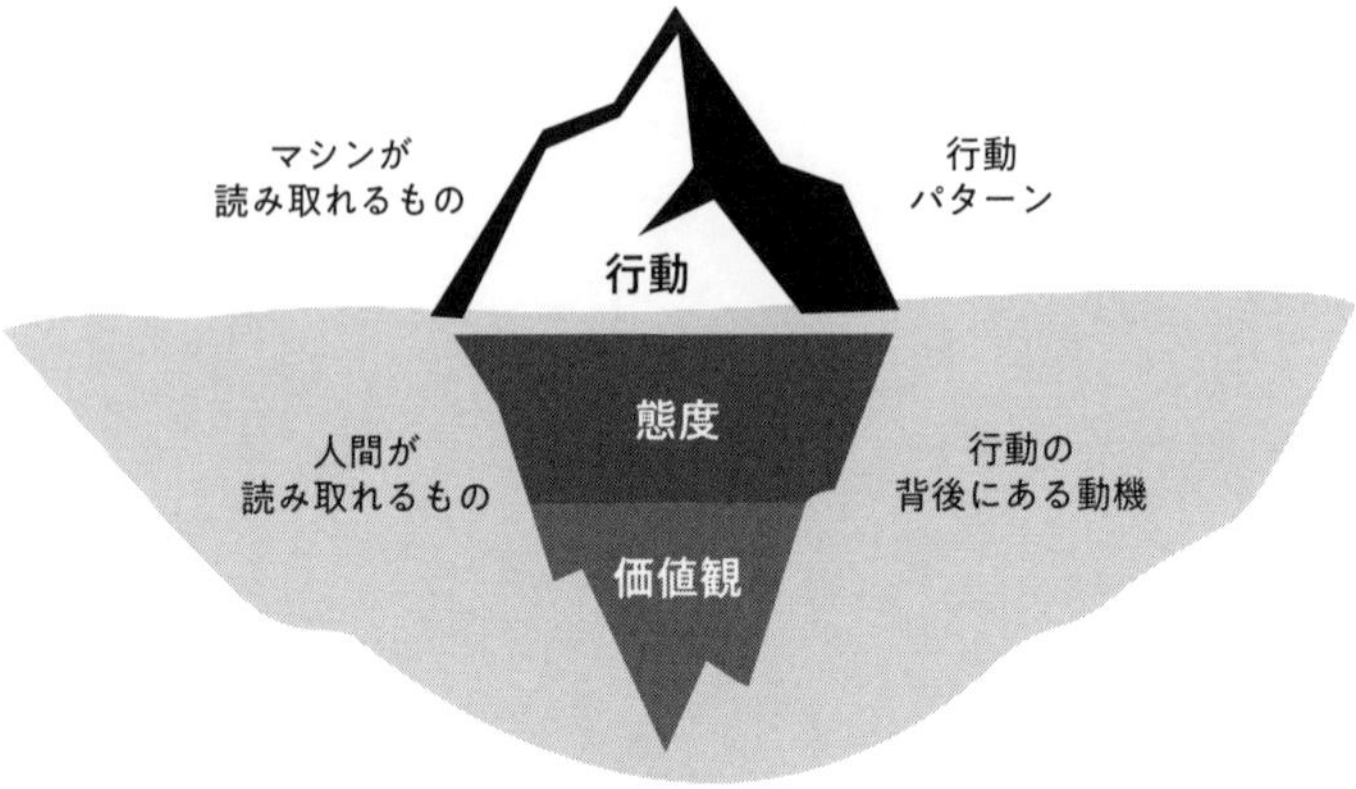

が他の人間を理解することができる。人間のマーケターには、顧客の行動の背後にある動機をフィルターにかけ、解釈することが求められる【図1-2】。なぜなら、人間の知能は文脈を把握することができ、それでいてファジーでもあるからだ。経験豊富なマーケターがどのようにして知見を引き出し、英知を発達させるのかは、誰も理解していない。それに、科学技術者たちは、顧客と人間レベルの繋がりを築けるマシンをつくることにはまだ成功していない。

人間は自分が学び方を知らないことをコンピューターに教えられないので、マーケティング5・0では人間のマーケターの役割が依然として重要である。したがって、マーケティング5・0における議論は、カスタマー・ジャーニーの全行程のうち、マシンと人間はそれぞれどこに適していて、どこで最大の価値を提供できるかを明らかにすることを中心に展開される。

本書の第3部はこの問題を詳細に論じており、マーケターが技術の戦術的利用を検討する前に適切な基盤を得るのに役立つ。第5章は、企業が高度なデジタルツールを利用するための自社の準備度を評価する助けになる。また、第6章は、ネクスト・テクノロジーに関する初歩的説明を含んでいるので、マーケターがネクスト・テクノロジーを理解する助けになるだろう。最後に、第7章では、新しい顧客体験の創出で実績のあるさまざまな事例について検討する。

テクノロジーはマーケティングをどのように強化できるか

ｅコマースの爆発的成長に加えて、ソーシャル・メディア・マーケティングや検索エンジン・マーケティングの台頭により、マーケターはデジタル化のメリットを認識するようになっている。だが、デジタルの文脈で語られるマーケティングは、顧客をデジタル・チャネルに移行させるとか、デジタル・メディアへのマーケティング支出を拡大するといったことに留まっている。デジタル技術によって、マーケターの仕事のやり方は抜本的に変えられる。テクノロジーは次の五つの方法でマーケティング活動を強化できる。

1. ビッグデータを使って、より情報に基づいた決定を下す

デジタル化の最大の副産物はビッグデータだ。デジタルの文脈では、あらゆる顧客接点——取り引き、コールセンターへの問い合わせ、Eメールのやり取り——が記録される。加えて、顧客はインターネット上のコンテンツを閲覧したり、ソーシャル・メディアに何かを投稿したりするたびに足跡を残す。プライバシーに関する懸念はさておき、そうした足跡は抽出すべき知見の宝庫である。このような豊かな情報源を利用することで、マーケターは今では細かい個々人のレベルで顧客のプロファイリングを行い、ワン・トゥ・ワン・マーケティングを大規模に実行することができる。

2. マーケティング戦略・戦術の結果を予測する

必ず成功するマーケティング投資などありはしない。だが、あらゆるマーケティング活動のリターンを計算するという考えは、マーケティングの説明責任を引き上げてくれる。AI搭載の分析ツールのおかげで、今では新製品の発売や新キャンペーンの発表前にマーケターが結果を予測することが可能になっている。予測モデルは、過去のマーケティング活動からパターンを見つけ出して何が成功するかを理解し、その学習に基づいて未来のキャンペーンの最適設計を推奨してくれる。こ

れを利用することで、マーケターはブランドを失敗の危険にさらさずに先手を打てる。

3．文脈に合ったデジタル体験を物理的世界に持ち込む

デジタル・マーケターは、インターネット・ユーザーを追跡することによって、パーソナライズされたランディングページ〈ウェブ広告をクリックした先に現れるページ〉、関連のある広告、カスタムメイドのコンテンツなど、文脈にピッタリ合った体験を提供できる。これはデジタル・ネイティブの企業に、実店舗型の競争相手に対する大きな優位性を与える。今日では、接続されたデバイスやセンサー――モノのインターネット（ＩｏＴ）――が、企業に文脈に合ったタッチポイントを物理的空間に持ち込む力を与え、シームレスなオムニ・チャネル体験を容易にし、企業活動の場を滑らかなものとしている。センサーのおかげで、マーケターは誰が来店しようとしているかを特定し、パーソナライズした接遇を提供することができる。

4．現場のマーケターの価値提供能力を拡張する

マーケターはマシン対人間という論争に引きずり込まれるのではなく、人間とデジタル技術の最適な共生関係の構築に集中することができる。ＡＩはＮＬＰ（自然言語処理）とともに、低付加価値の作業を引き取って現場スタッフに自分のアプローチを調整する力を与え、顧客対応業務の生産性を高めることができる。チャットボットは単純な大量の会話に即時応答で対処できる。ＡＲやＶＲは、企業が人間の関与を最小限に抑えながら魅力的な製品を提供する手助けをする。つまり現場のマーケターは、顧客が強く望むソーシャル・インタラクション〈社会的やり取り〉を、必要があるときにのみ提供できるのである。

5．マーケティングの実行をスピードアップする

常に接続状態にある顧客の選好は絶えず変化し、企業はかつてより短期間で利益を得なければならないという圧力を感じている。こうした課題に対処するためには、無駄を徹底的に省いたスタートアップ企業の俊敏な慣行からヒントを得ることができる。これらのスタートアップ企業は、技術に大きく依存して迅速な市場テストとリアルタイムの検証を行っている。企業は製品やキャンペー

ンをゼロから生み出す代わりに、オープンソース・プラットフォームを基盤にし、共創を活用して、市場投入を加速する。しかし、このアプローチには、技術の支援だけでなく適切かつ俊敏な態度や考え方も必要だ。

マーケティング5・0の五つの構成要素

基本的には、マーケティングはテクノロジーを活用することで、データドリブン〈データに基づいた〉、プレディクティブ〈予測に基づいた〉、コンテクスチュアル〈文脈に合った〉、オーグメンティッド〈人間の能力を拡張する〉、そしてアジャイル〈俊敏な〉になれる。われわれは先進技術がマーケティングにどのような形で価値を加えるかに基づいて、マーケティング5・0の五つの基本的な構成要素を定義する。マーケティング5・0は、相互に関連した三つのアプリケーション、すなわち予測マーケティング、コンテクスチュアル・マーケティング、拡張マーケティングを軸にしている。だが、これらの使い方は組織の二つの規律、すなわちデータドリブン・マーケティングとアジャイル・マーケティングをベースにしている【図1-3】。第4部はマーケティング5・0のこれら五つの要素の検討に充てられる。

規律1 データドリブン・マーケティング

データドリブン・マーケティングとは、企業内外のさまざまな情報源からビッグデータを集めて分析するとともに、マーケティング決定を促進し、最適化するためにデータエコシステム〈企業内部のさまざまなデータを外部のデータと掛け合わせ、新たなビジネスモデル、収益モデルを創出すべく形成されるステークホルダーの集合体〉を構築する活動のことだ。マーケティング5・0の一つ目の規律は、「あらゆる決定が十分なデータに基づいて行われなければならない」である。

規律2 アジャイル・マーケティング

アジャイル・マーケティングとは、分散型、部署横断型のチームを使って、製品やマーケティング・キャンペーンのコンセプトづくり、設計、開発、検証を迅速に行うことをいう。絶えず変化している市場に対処する組織の俊敏性が、マーケティング5・0の実行を確実に成功させるために習得しなければならない二つ目の規律になる。

図1-3／マーケティング5.0の五つの構成要素

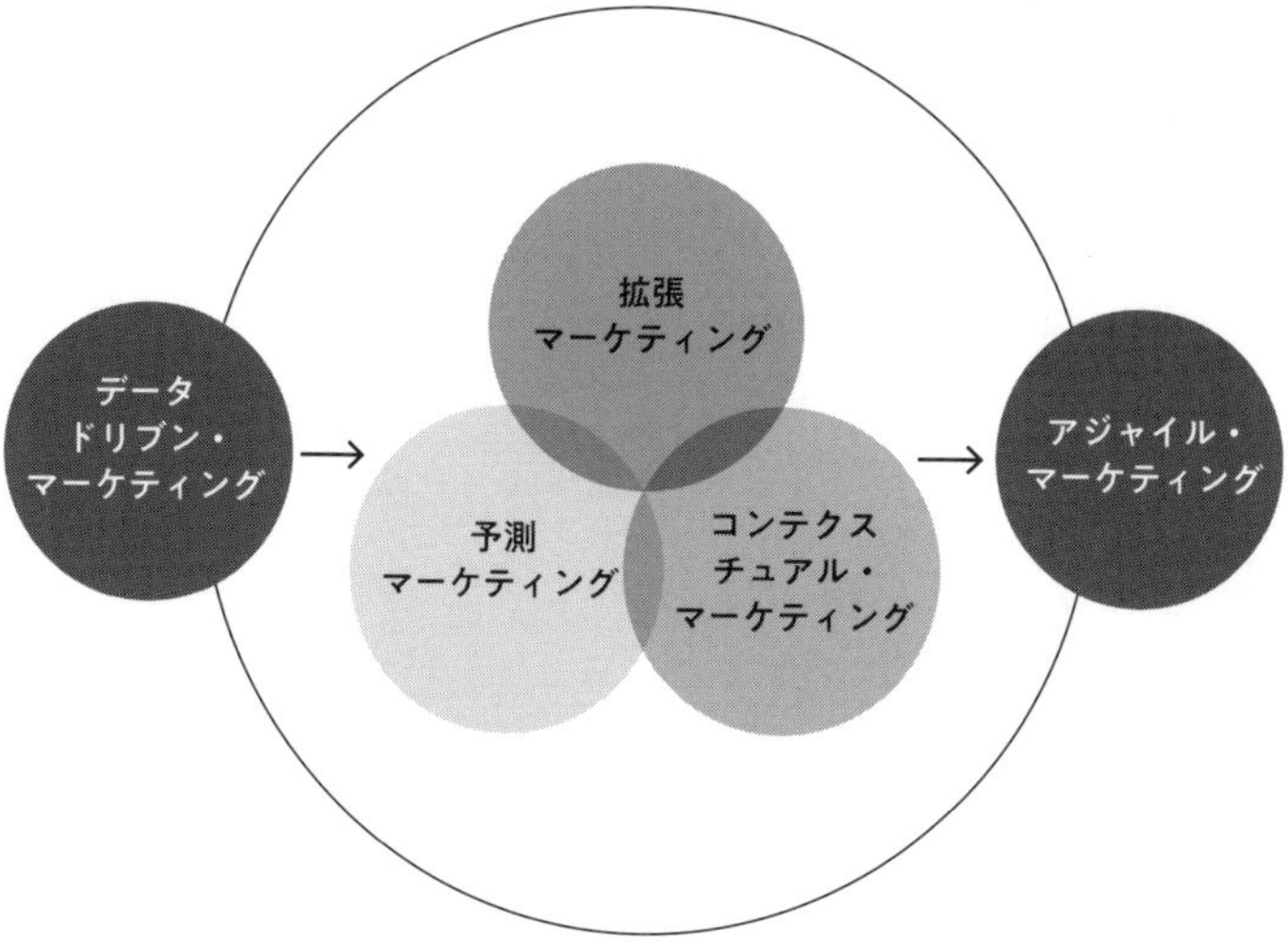

二つの規律については、第4部で他の章を間に挟んで論述される。データドリブン・マーケティングは第8章で論じられ、アジャイル・マーケティングは最後の第12章で説明される。マーケティング5・0の三つのアプリケーションを実行するためには、企業はデータドリブン能力〈データを収集、分析し、その結果を次の行動に繋げていく能力〉を構築することから始めなければならない。実行の成否を本当に左右するのは、結局のところ、実行する際の組織の俊敏性である。

アプリケーション1　予測マーケティング

予測マーケティングは、機械学習機能を備えた予測分析ツールを構築、使用するなどして、マーケティング活動の結果を開始前に予測するプロセスをいう。これによって、企業は市場がどのように反応するかを予測し、先手を打って市場に働きかけることができる。このコンセプトについては第9章で改めて考察する。

アプリケーション2　コンテクスチュアル・マーケティング

コンテクスチュアル・マーケティングは、顧客を識別し、プロファイリングした上で、物理的空間でセンサーやデジタル・インターフェースを活用して、顧客にパーソナライズされたインタラクションを提供する活動である。これはマーケターが顧客の状況に応じて、リアルタイムでワン・トゥ・ワン・マーケティングを行えるようにする基幹的活動だ。このコンセプトについては、第10章で詳しく説明する。

アプリケーション3　拡張マーケティング

拡張マーケティングは、顧客に対応するマーケターの生産性を向上させるために、チャットボットやバーチャル店員など、人間を模倣した技術を利用することをいう。この三つ目のアプリケーションによって、マーケターはデジタル・インターフェースのスピードと利便性を人間中心のタッチポイントの温かみや共感と合体させることができる。このコンセプトについては第11章で詳しく論じる。

これら三つのアプリケーションは互いに繋がっており、したがって排斥し合うものではない。次のX社の例を考えてみてほしい。特定のデモグラフィック属性を持つ顧客が、どのような製品を買う可能性が高いかを予測する予測マーケティング・モデルを構築する。このモデルが機能するためには、同社は売り場にさまざまなセンサーを設置しなければならない。その一つが、セルフサービス型のデジタル・キオスクに取り付けられた顔認識カメラだ。あるデモグラフィック属性を持つ顧客がキオスクに近づくと、カメラがそれをキャッチし、売り場のディスプレイに信号を送って、予測モデルによって推奨製品のコンテクスチュアル広告を表示させる。顧客はこのデジタル・インターフェースをパーソナライズされた形で使うこともできる。同時に、X社は予測モデルを含むデジタルツールで拡張された現場スタッフに、セルフサービスでは不十分な顧客を手助けする能力も与えている。

まとめ――人間のためのテクノロジー

マーケティング5・0は、マーケティング3・0の人間中心という原則とマーケティング4・0のテクノロジーの力を踏まえたものである。全体的な顧客体験の中で価値を生み出し、伝え、提供し、高めるために、人間を模倣した技術を活用することと定義される。マーケティング5・0は、カスタマー・ジャーニーマップを作成し、マーケティング・テクノロジーがどこで価値を加えて、マーケターのパフォーマンスを高めることができるかを特定することから始まる。

マーケティング5・0を応用する企業は、最初からデータドリブンでなければならない。データエコシステムを構築することは、マーケティング5・0を実行するための必要条件だ。これによってマーケターは、予測マーケティングを行って、あらゆるマーケティング投資の予想利益を推定することができる。また、売場で一人ひとりの顧客にパーソナライズされたコンテクスチュアル・マーケティングを提供することもできる。最後に、現場のマーケターは拡張マーケティングの利用によって、顧客とのシームレスなインターフェースを設計することができる。これらすべての実行要素は、市場の変化にリアルタイムで対応するために企業としての俊敏性が求められる。

考えるべき問い

▼

□自社におけるデジタル技術の実行は、ソーシャル・メディア・マーケティングとeコマースだけに留まってはいないか？

□自社に価値をもたらすと思われる先進技術には、どのようなものがあるか？

第2部

デジタル世界でマーケターが直面する課題

CHALLENGES MARKETERS FACE IN A DIGITAL WORLD

第2章

世代間ギャップ

ベビーブーム世代とX、Y、Z及び
アルファの各世代に対するマーケティング

GENERATION GAP

二十五歳のアシスタント・マーケティング・マネジャーが、ミレニアル世代向け新製品の印刷広告のデザインを担当することになった。彼女は見込み客に対するサンプル調査を行ったのち、人目を引くグラフィックと一行のコピーの美しい広告を制作し、CTA〈行動喚起〉としてウェブサイトのリンクを載せた。彼女にとって予想外だったのは、上司である五十歳のマーケティング・マネジャーが、その印刷広告に製品の機能や強みや利点に関する説明が入っていないと文句をつけたことだった。ミレニアル世代に対するミニマリズム的マーケティング・アプローチを理解していない上司だと判断して、彼女は会社を辞めた。このことは、若手スタッフは批判を受け入れられないという上司の考えを、皮肉にも裏付けることになった。

今日、多くの組織でこのような世代間のずれが起こっている。世界中のマーケターが五つの異なる世代、すなわちベビーブーム世代、X世代、Y世代、Z世代、それにアルファ世代に対応するという課題に直面している。これらの世代のうち最初の四つは労働力人口を構成している。ベビーブーム世代の大多数はまだ働いているが、世界的に見て今ではX世代がリーダー的役割のほとんどを占めている。Y世代は今では労働力人口の最大の割合を構成しており、一方、Z世代は労働市場へのもっとも新しい参入者だ。これらの世代はテクノロジーに対する精通度がそれぞれ異なっている。世代というレンズを通して市場を見ることは、マーケターがテクノロジー主導のマーケティング5・0を実行する最善の方法を理解する助けになるだろう。

さまざまな世代に対応するという課題

どの世代もそれぞれ異なる社会文化的環境と生活経験によって形づくられている。例としてX世代を考えてみよう。彼らの両親は離婚しているか、二人とも働いているかのどちらかだったので、彼らは最小限の養育しか受けずに成長した。ヤングアダルトと呼ばれる前成人期には、MTVのミュージックビデオに文化的影響を受けた。その結果、彼らは他の世代よりワーク・ライフ・バランスを重視しており、他の世代より自立心が強くクリエイティブとみなされている。インターネットのない世界とある世界の両方を大人として経験したので、伝統的な職場にもデジタル化の進んだ職場にもうまく適応することができる。

製品・サービスに対する選好や態度も世代によってそれぞれ違っており、マーケターは異なるオファリングや顧客体験（CX）、さらには異なるビジネスモデルで対応するよう迫られる。たとえばY世代は、所有より体験を重視する。自動車を持つよりウーバーのカーシェアリングを利用するほうがよいと思う。この選好があらゆる種類のオンデマンドサービスの登場に繋がっている。ビジネスモデルも、製品の販売からサブスクリプションの販売に移行している。Y世代は音楽アルバムを買うより、スポティファイのストリーミングサービスを利用するほうがよいと思うのだ。

それぞれの世代特有のニーズを理解しているにもかかわらず、ほとんどの企業がそのすべてに対応する体制を整えていない。企業は概して、それぞれの世代向けにカスタム化することができない硬直的な製品・サービス・ポートフォリオを抱えている。そのため一度に二つか三つの世代だけに対応する方針をとらざるをえない。若い世代のニーズやウォンツが絶えず変化することによる製品ライフサイクルの短縮化にも、企業はうまく適応できずにいる。さまざまな産業——自動車、エレクトロニクス、ハイテク、消費財、ファッション——の多くの企業が、新製品を迅速に開発し、短期間で利益を上げなければならないという圧力を感じている。

ターゲティングもジレンマを生んでいる。ベビーブーム世代とX世代の大きな資力と高い支払意思額（WTP）により、最大の売り上げが生み出されているのは、まだブランドがこれらの世代に対応しているからだ。しかし、ほとんどのブランド・エクイティは、Y世代とZ世代が——彼らのクール要素とデジタル能力によって——ブランドを推奨することで生み出されている。また、もっとも重要な点として、Y世代とZ世代は、ベビーブーム世代やX世代に属する親たちに多くの購買決定で影響を与え始めている。企業は二つの目標、すなわち現在の価値創造を最大化することと、未来に向けてブランドのポジショニングを開始することとのバランスをとる必要がある。

五つの世代

どの顧客も唯一無二である。マーケティングは技術の支援を得て、いずれは個人レベルでのカスタム化やパーソナル化を伴うワン・トゥ・ワン・マーケティングになると、われわれは思っている。将来的には、それぞれが独自の選好や行動を持つセグメント・オブ・ワンに、マーケターは対応するようになるだろう。とはいえ、企業が将来対応するであろう主流の市場に注目することによって、マーケティングの進化の方向を理解することは有益だ。市場における全体的な人口統計学的変化の理解は、マーケティングがどこに向かうかを予測するもっとも基本的な方法である。

世代集団による細分化は、マス市場をセグメント分けするもっとも一般的な方法の一つといえる。根拠は、同じ時期に生まれ育った人々は同じ重大な出来事を経験しているということだ。だから、彼らは同じ社会文化的経験を持ち、似通った価値観、態度、行動を備えている可能性が高い。今の時代は、五つの世代集団——ベビーブーム世代、X世代、Y世代、Z世代、アルファ世代——がともに暮らしている【図2-1】。

ベビーブーム世代――大きな経済力を持つ高齢化しつつある世代

ベビーブーム世代の人々は一九四六年から一九六四年の間に生まれた。「ベビーブーム」という言葉は、第二次世界大戦終結後のアメリカ――及び他の多くの国々――における高い出生率に言及したものだ。戦後の安全と好景気の中で、多くの夫婦が子どもを持ちたいと考え、当時のマーケターにとっておもなターゲット市場になった。

初期のベビーブーマーたちは、経済が急成長していた一九六〇年代にティーンエイジャーになり、比較的裕福になった家庭で育てられた。だが、彼らが青年期を過ごしたのは、一九六〇年代の社会政治的緊張のただ中だった。その結果として、彼らは概してアメリカや他の西側諸国のカウンターカルチャー運動と繋がりを持っている。社会的アクティビズム〈積極行動主義〉や環境主義やヒッピーのライフスタイルは、この時代に登場した。カウンターカルチャー運動は、テレビや広告、それにアメリカン・ニューシネマの登場によってさらに増幅された。

初期のベビーブーマーとは異なり、ジョーンズ世代としても知られる後期ベビーブーマーたちは、動乱の一九七〇年代にティーンエイジャーとなり、経済的苦難の中で過ごした。両親が共働きだったので、自立した暮らし方をし、キャリアの初期には先輩世代より熱心に働いた。ベビーブーム世代の中のこのサブ世代は、X世代の先駆けであり、X世代と似通った特徴をたくさん有している。

図 2-1／五つの世代とブランド選好

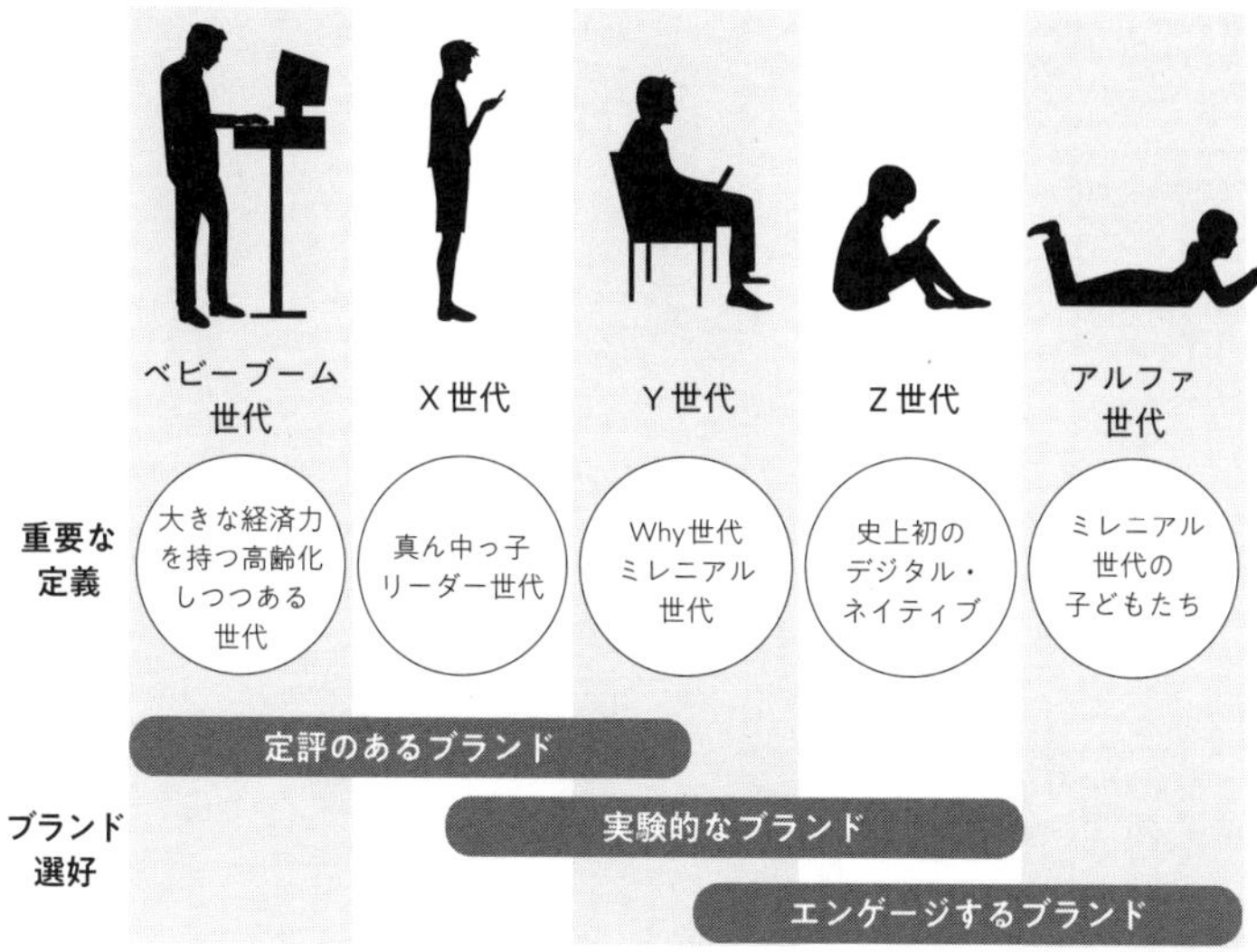

ベビーブーム世代はその規模と、彼らが育っていた間のアメリカの好景気によって、大きな経済的勢力の一つになっている。ベビーブーム世代は、Y世代に人数で追い越されるまで何十年もの間、マーケターの関心の中心を占めていた。今日、彼らは前の世代より健康長寿になっているので、退職を遅らせて六十五歳のずっと先までキャリアを続ける人が増えている。ベビーブーム世代はまだ企業で幹部に就いており、新技術の採用や従来のビジネス知識の打破に消極的だと若い世代からよく批判されている。

X世代――リーダー的地位を占めている真ん中っ子世代

X世代は一九六五年から一九八〇年の間に生まれた人々の人口統計学的集団だ。ベビーブーム世代とY世代の人口の多さから、両世代の間に挟まれたX世代は影が薄くなってマーケターのレーダーに映らず、「忘れられた真ん中っ子」と呼ばれてきた。

X世代の人々は、激動の七〇年代と不確実な八〇年代に幼年期と思春期を過ごしたが、労働市場に入ったときには景気は好転していた。彼らは「友人や家族」という概念を好意的に受け取っている。共働き家庭か離婚家庭で育ったので、X世代は子ども時代に家族と過ごす時間が比較的少なく、友人との交流のほうが多かった。X世代にみられる強い仲間関係は、「ビバリーヒルズ高校白書」や「フレンズ」など、一九九〇年代の人気テレビドラマでの友情の描き方を生み出した。

真ん中っ子集団であるX世代は、消費者向け技術の大きな変化を経験しており、その影響で適応力が高い。X世代は青年時代にMTVで音楽ビデオを観たり、ウォークマンでミックステープ〈正規のアルバムではなく自由に音楽を集めた非商用の楽曲集〉を聴いたりしながら成長した。大人になってからは、CDやMP3で、またオーディオストリーミングを利用して音楽を聴いた。DVDレンタル業の興隆と衰退やビデオストリーミングへの移行も目撃した。もっとも重要な点として、彼らの労働市場への参入はインターネットの成長が著しかった時期と重なり、そのため彼らは接続性のアーリーアダプターになった。

ほとんどのマーケターに見過ごされているが、X世代は今日、労働力人口の中でもっとも影響力のある世代の一つになっている。平均二十年の労働経験と強い労働倫理を持ち、企業でほとんどのリーダー的役割を占めている。ベビーブーム世代が退職を先延ばししているため、社内での昇進が難しくなったことに気づいて、四十代で会社を辞め、起業して成功しているX世代も少なくない。

Y世代——従来の規範に疑問を持つミレニアル世代

一九八一年から一九九六年の間に生まれたY世代は、過去二十年でもっとも議論の対象になってきた集団だ。新しい千年紀に成人になった彼らは、「ミレニアル世代」として広く知られている。第二次ベビーブーム期に生まれ、ほとんどがベビーブーム世代の子どもである。だから、「エコーブーム世代」とも呼ばれている。彼らは概して前の世代より高い教育を受けており、文化的に多様である。

Y世代はソーシャル・メディアの利用と強く関連している初の世代でもある。職場で仕事のためにインターネットを初めて使ったX世代とは異なり、Y世代ははるかに若い時からインターネットについて知っていた。そのため、ソーシャル・メディアや他のインターネット関連技術を、最初は私的な目的のために利用した。

Y世代はソーシャル・メディア上で、極めて率直に自分を表現し、往々にして自分を仲間と比較する。彼らは仲間から確認や承認を得る必要性を感じており、そのため、仲間が言うことや買うものに大きく影響される。また、定評のあるブランドより仲間を信頼する。自分の携帯端末で度々オンライン調査やオンライン購入を行うが、上の世代ほど多くの製品を買うわけではない。彼らは所有より体験を好むからだ。富や資産を蓄積することではなく、人生の物語を集めることに重点を置いているのである。

高い教育と多様性、それに無限のコンテンツに触れる機会のおかげで、Y世代は上の世代より考え方が柔軟で、理想主義者だ。あらゆることに疑問を持ち、そのため彼らに規範に従うよう求める上の世代と職場で衝突しやすい。

ベビーブーム世代の親たちと同じく、ミレニアル世代は往々にして二つのサブ世代に分けられる。年長のミレニアルたち、すなわち一九八〇年代に生まれた人々は、二〇〇八年のグローバル金融危機とその余波の時期に労働市場に参入している。したがって、厳しい雇用市場の中で生き残らなければならなかった。なかには最終的に自分自身の事業を立ち上げた者もいた。極めて競争的な労働経験のせいで、彼らは私生活と職業生活をはっきり分ける傾向がある。それに対し、若いミレニアル、すなわち一九九〇年代に生まれた人々は、もっと良好な雇用市場を経験した。彼らは私生活と職業生活を融合させる傾向がある。つまり、彼らは自分が楽しんでできる仕事を求め、仕事は充実感を与えてくれるものでなければならない。

年長のサブ世代は、一つ前のX世代と同じく、デジタル世界にも物理的世界にも適応できるので、「橋渡し世代」である。だが、年下のサブ世代はZ世代のほうに近い。幼少期にインターネットを使い始めたので、彼らはデジタル世界を物理的世界の切れ目のない延長とみなしている。

Z世代——史上初のデジタル・ネイティブ

マーケターは現在Z世代に関心を向けつつある。X世代の孫に相当するZ世代は、「センテニアル世代」とも呼ばれており、一九九七年から二〇〇九年の間に生まれた人々の集団だ。Z世代の多くが親や兄姉の金銭的苦労を目の当たりにしたことがあり、Y世代よりお金に関する意識が高い。彼らは貯蓄に励み、キャリアの選択で経済的安定を必須要素とみなす傾向がある。

インターネットがすでに主流になっていた時代に生まれたので、彼らは史上初のデジタル・ネイティブとみなされている。インターネットのない生活を経験したことがないため、デジタル技術を日常生活の欠かせない要素とみなしている。学習やニュースの取得や買い物、それにソーシャル・ネットワーキングのために、自分のデジタル・デバイスを通じてインターネットに常時接続している。

社会的場面にいるときでさえ、複数の画面を通じて絶えずコンテンツを消費している。その結果、彼らにとって、オンラインの世界とオフラインの世界の間に境界は事実上存在していない。

ソーシャル・メディアの力を借りて、Z世代は自分の日々の生活を写真や動画の形でソーシャル・メディア上に記録する。だが、理想主義者のY世代とは異なり、Z世代は現実主義者である。パーソナル・ブランディング〈自分自身をブランド化すること〉のためにフィルターにかけ、実際より洗練された自分の画像を投稿したがるY世代とは対照的に、Z世代は自分のありのままの姿を描き出すことを好む。したがって、素晴らしすぎて本当とは思えない、でっち上げのイメージを広めるようなブランドを嫌う。

Z世代は個人情報をシェアする意欲が上の世代より高いので、ブランドにパーソナライズされたコンテンツやオファリングや顧客体験を提供する能力を求める。製品やサービスの消費の仕方をコントロールしたりカスタマイズしたりする能力を自分に与えてくれることもブランドに期待する。彼らをターゲットにしたコンテンツが大量に存在するからこそ、Z世代はパーソナル化やカスタム化の利便性を高く評価するのである。

Y世代と同じく、Z世代も社会の変革や環境の持続可能性に大きな関心を持っている。Z世代はその現実主義ゆえに、自分たちが日々の決定を通じて変革を促進する役割を果たせることにY世代より自信がある。彼らは社会問題や環境問題を解決することを重視しているブランドを好む。自分たちのブランド選択によって、企業に自社のサステナビリティ慣行を改善させることができると信じている。Z世代はボランティア活動を通じて変化をもたらすことにも熱心で、これを可能にするプラットフォームの提供を雇用主に期待する。

Z世代はさらに、ブランドとのリレーションシップを通じて、絶え間ないエンゲージメントを求める。ブランドに自分のモバイル端末やゲーム機器と同じくらい刺激的であることを期待する。そのため、企業に絶えずオファーを更新してもらいたいと思い、あらゆるタッチポイントで新しいインタラクティブな顧客体験の提供をしてもらいたいと願う。この期待に応えられないブランドは、低いロイヤルティに留まる。Z世代をターゲットにする企業は、こうして生じる製品ライフサイクルの短縮化に対処しなければならない。

今日、Z世代はすでにY世代を追い越して、世界全体でもっとも人口の多い世代になっている。二〇二五年には、Z世代のほとんどが労働力人口を構成することになり、したがって、製品・サービスのもっとも重要な市場になるだろう。

アルファ世代——ミレニアル世代の子どもたち

アルファ世代は二〇一〇年から二〇二五年の間に生まれた人々で構成され、したがって、まさしく最初の二十一世紀の子どもである。マーク・マクリンドルが付けた「アルファ」というギリシャ文字の名前は、技術的融合によって形づくられるまったく新しい世代を意味している。彼らはデジタル・ネイティブであるだけでなく、親（Y世代）や兄姉（Z世代）のデジタル行動によって大きな影響を受けている。ほとんどの子どもが愛着を持っているデバイス、iPadの初代が発売されたのは二〇一〇年で、この発売はいみじくもアルファ世代の登場を告げていた。

アルファ世代の特徴はY世代の親の養育スタイルによって大きく形づくられ、影響される。Y世代は上の世代より高い年齢で結婚しているので、子どもの養育や教育に上の世代より力を入れる。また、幼い時から子どもにお金や金融について教え、極めて多様でペースの速い都市環境で子どもを育てる。したがって、アルファ世代は教育水準が高く技術に精通しているだけでなく、包摂《ほうせつ》的で社会的でもある。

Y世代に育てられ、Z世代に影響を受けているので、アルファ世代は幼少期からモバイル機器でコンテンツを積極的に消費してきた。画面を見ている時間が上の世代より長く、毎日オンラインビデオを観たり、モバイルゲームをしたりしている。開設や運営は親が行っていても、自分のユーチューブ・チャネルやインスタグラム・アカウントを持っている者もいる。

アルファ世代は、ユーチューブ上のおもちゃレビューチャネルなど、ブランデッド・コンテンツ〈企業やブランドのイメージを高めるためのストーリー性のあるコンテンツ〉を上の世代より積極的に受け入れる。彼らの学習スタイルは上の世代より実践的かつ実験的だ。彼らはハイテク玩具やスマート機器やウェアラブル端末で、くつろいで遊んでいる。彼らにとって、テクノロジーは生活の不可欠な一部であるだけでなく、自分自身の延長でもある。アルファ世代は、人工知能（ＡＩ）、音声コマンド、ロボットなど、人間を模倣した技術を採用し、使用しながら成長していくだろう。

今日、アルファ世代はまだ巨大な購買力を持ってはいないが、すでに他者の支出に対して強い影響力を有している。グーグルとイプソスの調査では、ミレニアル世代の親の七十四パーセントが家族の決定にアルファ世代の子どもを参加させるという。そのうえ、アルファ世代の子どもの中には、ソーシャル・メディア上のインフルエンサーになり、他の子どもたちのロールモデルになっている者もいる。ワンダーマン・トンプソン・コマースのレポートによると、アメリカとイギリスの子どもの五十五パーセントが、自分たちのソーシャル・インフルエンサーが使っている物を買いたいと思っている。だから、アルファ世代が世界中のマーケターの関心の的になるのは時間の問題だといえる。

五つの世代のライフステージ

五つの世代にとって何が不可欠かを理解するためには、彼らが通過するライフステージを分析する必要がある。一般に、人間の歩みには基礎（fundamental）、第一線（forefront）、育成（fostering）、最終（final）という四つのライフステージがある【図2-2】。それぞれのライフステージが通常、二十年前後に及び、成長して次のステージに入ると、人生の目的や優先事項が大きく変わる。

最初のライフステージは基礎ステージで、関心の中心は学習にある。人生の最初の二十年間は、環境を探索し、環境に適応している段階だ。人は学校教育からだけでなく、友人関係や社会的関係からも知識やスキルを学ぶ。このステージは自分のアイデンティティや存在意義を見つけるための時期でもある。

二番目のライフステージは第一線ステージと呼ばれる。この二番目の二十年間に、人は学習から労働に移行する。生計を立てるようになり、キャリアを築いて、さらに自立する。このステージの間は健康状態がピークにあるので、人はより積極的にリスクをとって人生を最大限に探求しようとする。また、このステージの間に恋愛関係に責任を持つようになる。

図 2-2／人間のライフステージとおもな優先事項

ライフステージ →

基礎	第一線	育成	最終
▪ 環境を探索し、環境に適応する ▪ 生活スキルを学習し、発達させる ▪ 自分のアイデンティティを見つける	▪ リスクをとって夢を追いかける ▪ 生計を立て、キャリアを築く ▪ 責任を負う恋愛関係を発展させる	▪ 親という立場や家庭生活を受け入れる ▪ 職場で人々に助言したり、指導したりする ▪ 社会に恩返しをする	▪ 健康と社会的関係を維持する ▪ 若い世代に知恵を分け与える ▪ 生活を楽しみ、幸せに過ごす

三番目の育成ステージに入ると、人は腰を落ち着けて家庭を築くようになる。二番目のライフステージでのストレスの多い生活から、より健康的なライフスタイルに戻る傾向がある。また、他者を育成することに、より多くの時間を費やすようになる。家庭では親であることや家族としての生活を重視し、一方、職場では若い世代に対するメンタリングやコーチングに力を入れる。社会に恩返しすることも、このライフステージにおける重要な人生の目的になる。

最終ステージでは、人は加齢に適応して幸せに暮らし続けようとする。この時期には、主として健康の衰えと社会関係の減少に対処する必要がある。人は有意義で充実した活動を始めることで人生を楽しむ。人生の教訓について十分考えてきたので、見識を持つようになり、自分が学んだことを若い世代に伝えようとする。

ベビーブーム世代の場合、一つのステージから次のステージに移るには通常二十年かかる。今日では、ほとんどのベビーブーム世代が最終ステージにいるが、引退を遅らせて活動し続け、充実した生活を確保しようとしている。X世代もかなり似通ったライフステージの歩み方をしている。彼らのほとんどが現在、育成ステージにいる。多くが起業して成功し、四十代初めで新しい事業を指揮している。彼らはワーク・ライフ・バランスを重視し、同時に社会に恩返しすることにも力を入れている。

Y世代は若干異なる道筋を歩んでいる。彼らは結婚や出産など、伝統的な人生の節目に上の世代よりはるかに遅い年齢で到達する。彼らは人生の他の大きな節目、とりわけキャリアや社会貢献における節目に上の世代よりはるかに若い年齢で到達しているので、それと引き換えに遅くなるというわけだ。Y世代は伝統的な企業の階段をベビーブーム世代やX世代と同じペースで上ろうとはしない。度々転職したり、若くして起業したりすることで、一気に頂点に駆け上がることを望む。その結果、彼らは一つのライフステージから次のライフステージに、ベビーブーム世代より速いペースで移行する。今日、彼らはまだ第一線ステージにいると推定されるが、一部の者はすでに育成ステージの考え方を持っている。彼らは上の世代よりはるかに若い年齢でワーク・ライフ・バランスについて考える。彼らのリーダーシップスタイルは、コーチングによって他者に力を与えることをベースにしており、社会的な目的を実現したいという思いに突き動かされている。Y世代の生活はテクノロジーに取り囲まれているが、育成ステージの基盤である人間対人間のやり取りをより重視するだろう。

われわれの見るところ、Z世代とアルファ世代もライフステージが短くなっており、したがって、上の世代より若い年齢でより成熟した考え方を持つようになっている。彼らはリスクをとることと経験学習に――基礎ステージと第一線ステージの事実上の融合――より積極的だ。まだ二十歳に満たないときから社会に貢献したいという欲求を上の世代より強く持っている。テクノロジーに関する彼らの見方は決して浅薄ではない。彼らはテクノロジーを単なる道具とはみなしておらず、本当に重要なことに集中できるよう物事を迅速かつ正確に行うために欠かせないイネーブラーとみなしているのである。

こうしたライフステージの短縮化は、マーケティング・アプローチにとって深い意味を持っている。Z世代やアルファ世代――次の十年のもっとも重要な二世代――に対応するためには、単なるテクノロジーの利用ではすまない。そうではなく、人間中心の解決策を可能にするためにテクノロジーをどのように使うかが重要なのだ。

世代間ギャップとマーケティングの進化

マーケティングは変化し続ける市場に適応するために絶え間なく進化しているので、marketing

ではなく現在進行形のmarket-ingに書き換えられるべきだと、われわれは一貫して思っている【図2―3】。

マーケティング1・0――製品中心

一九五〇年代にアメリカで始まったマーケティング1・0、すなわち製品中心のマーケティングは、主として裕福なベビーブーム世代とその親たちに対応するために開発された。おもな目的は、顧客のマインド内で最高の価値をつくり出す、完璧な製品・サービスの創出である。成功する製品・サービスは、機能をフル装備していて、競合する製品・サービスに対して優位性を持つものだった。顧客にとって最高の便益を備えているので、企業はこれらの製品・サービスに長年にわたり、相対的に高い価格を付けてきた。だから、この時代に生み出された重要なマーケティング・コンセプトは、製品開発とライフサイクル管理、それに最善の4P、すなわち製品(product)、価格(price)、流通(place)、プロモーション(promotion)を生み出すことに重点を置いていた。顧客満足が最重要目標になったのだ。

だが、マーケティング1・0時代の最大の問題点は、企業が往々にして顧客に不要なものを消費させ、それが消費主義文化を生み出したことだった。

図 **2-3**／五つの世代とマーケティングの進化

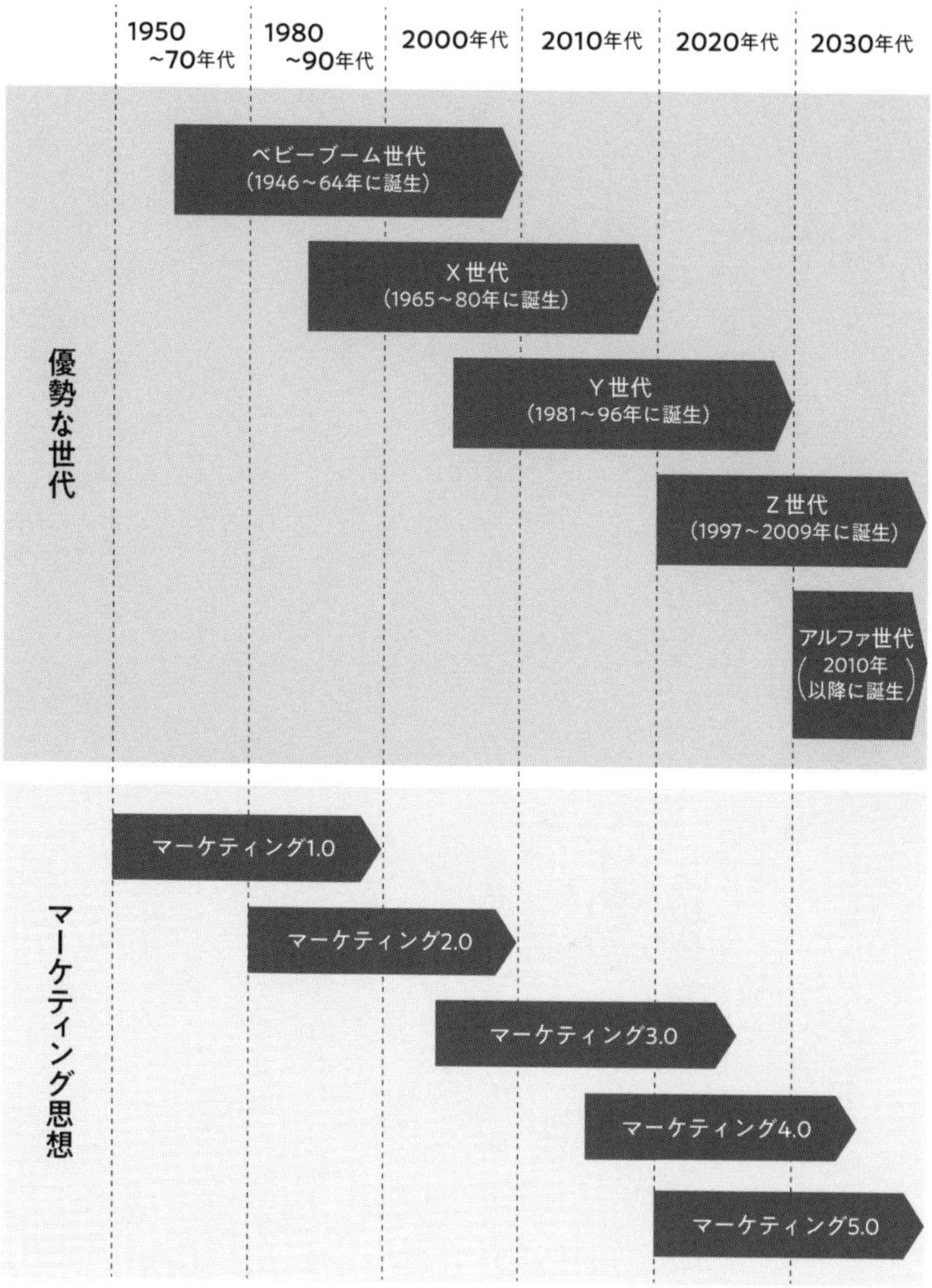

マーケティング2・0――顧客中心

一九六〇年代半ばから一九七〇年代半ばにかけてのカウンターカルチャー運動と反消費主義運動に続いて、マーケティングはより顧客中心の考え方へと進化した。その考え方は、消費者の購買力を大きく低下させた一九八〇年代初めの景気後退によって、さらに強化された。後期ベビーブーム世代とX世代の節約姿勢が、マーケターにとっておもな課題になった。

そこで、このマーケティング2・0時代には、マーケティングはセグメンテーション、ターゲティング、ポジショニングを理解することを軸に展開された。企業はもう誰にとっても完璧となるような製品・サービスはつくらなくなった。自社の製品・サービスのターゲット市場についてもっとよく学び、それらの製品・サービスの市場ポジショニングを明確に定めた。余計なものを取り除き、消費者のニーズやウォンツに基づいて厳選した製品特性に焦点を合わせた。価格においても、意図したターゲット市場にとって適切な水準に設定された。

企業は顧客と長期的なリレーションシップを築く努力も強化した。マーケターは顧客リレーションシップ管理（CRM）というアプローチを使って、顧客を繋ぎ留め、顧客が競合他社にスイッチするのを防ごうとした。目的は顧客満足から顧客維持に変わった。

マーケティング3・0――人間中心

二〇〇〇年代末のY世代の台頭とグローバル金融危機は、マーケティングの二度目の大きな進化を促進した。情報への自由なアクセス権を手に入れるとともに、金融産業の不祥事にかき乱された。Y世代は、利益だけを動機とする企業をあまり信頼しなくなっていた。彼らは企業に、プラスの社会的・環境的影響をもたらす製品やサービスや文化を生み出すよう要求した。こうして、人間中心のマーケティング、すなわちマーケティング3・0の時代が登場した。企業は倫理的で、社会的責任を果たすマーケティング慣行をビジネスモデルに組み込むようになった。

マーケティング4・0――従来型からデジタルへ

デジタル化は人間中心へのトレンドをさらに際立たせる。Y世代は――また、Z世代もある程度――デジタル経済に引き寄せられている。モバイル・インターネット、ソーシャル・メディア、eコマースの台頭は、顧客が購入までにたどる道筋を変化させた。マーケターはオムニ・チャネル・プレゼンスによって製品・サービスを伝え、提供することで、この変化に適応した。そして、従来型からデジタルに移行して、マーケティング4・0を実行するようになった。

マーケティング5・0——人間のためのテクノロジー

Z世代とアルファ世代の登場により、マーケティングがもう一度進化する時が来た。人類にもっとも若いこれら二世代の最大の関心と懸念は、二つの方向に向かっている。一つは、プラスの変化をもたらし、人間の生活の質を向上させることだ。もう一つは、人間の生活のあらゆる面で技術の進歩をさらに推し進めることだ。Z世代とアルファ世代に対応するためには、マーケターは人間の生活を高めるためにネクスト・テクノロジーを導入し続ける必要がある。つまり、マーケティング5・0は、マーケティング3・0（人間中心）とマーケティング4・0（テクノロジーというイネーブラー）を統合したものになる。

まとめ——ベビーブーム世代とX、Y、Z、アルファ世代に対するマーケティング

次の十年には、X世代がマーケティングの世界でほぼすべてのリーダー的ポジションを占めるよ

うになるだろう。X世代はマーケターとして、さまざまなライフステージでマーケティング1・0、マーケティング2・0、マーケティング3・0、マーケティング4・0を採用してきた唯一の世代である。Y世代の中間管理職に支えられて、X世代はZ世代とアルファ世代に対応する企業のマーケティング戦略の先頭に立つ世代になる。

Z世代とアルファ世代は、マーケティング3・0とマーケティング4・0を統合したマーケティング5・0の促進剤になるだろう。この二つの世代は、テクノロジーがどのように人間に力を与え、よりよくできるか、すなわち人間の生活を向上させ、幸せを生み出せるかに大きな関心を持っている。マーケティング5・0の時代には、Z世代とアルファ世代の信頼を得られる企業が競争に打ち勝つことができる。

考えるべき問い

▼

- □自社は現在、どの世代に対応しているか？　自分はその世代の選好や行動を十分理解しているか？
- □自社は未来のために体制を整えているか？　つまり、自分は自社にデジタル・ネイティブのZ世代やアルファ世代に対応する準備をさせているか？

第3章

富の二極化

社会のために包摂性とサステナビリティを生み出す

PROSPERITY POLARIZATION

映画「プラットフォーム」〈2019年製作〉は、何百階もある高い塔の刑務所を舞台にしたディストピア・スリラーだ。それぞれの階にランダムにペアを組まされた二人の囚人がいる。彼らの食事は毎日、多種多様なグルメ食品を載せて最上階から一番下の階まで降りるプラットフォーム〈巨大な台〉によって提供される。上の階の囚人は好きなだけ食べることができ、残りが下の階に運ばれる。上の階の囚人たちの食い意地と身勝手さのせいで、ほとんどの囚人が残り物をかき集めて食べている。ある階を過ぎると食べ物はもう残っておらず、下の階の囚人たちは飢えることになる。

この問題は解決できる可能性がある。囚人は毎月ローテーション方式で別の階に移されるので、飽食の時期と飢えの時期の両方を経験する。それに、食事を配給制にすればみんなが食べられるだけの食料があることを、彼らは知っている。しかし、誰もがある時点で生き残るために必死にあがいているので、他者に対する共感を持つ者は一人もいない。「プラットフォーム」は、人々がそれぞれ自己利益のために行動したら、概して最善の結果は生まれないという、典型的な「囚人のジレンマ」を表している。

この映画は批評家たちから絶賛されたが、それは共感を呼ぶメッセージを伝えているからだ。社会の中の不均衡とそれを生じさせている社会の無知を象徴している。最上層の人々は繁栄し、その一方で最下層の人々は苦しんでいる。しかも、ほとんどの人がその格差を埋めることに関心がないように見える。映画が示すメタファーは、われわれが直面しているサステナビリティの問題、すなわち未来の世代に何を残すことになるかを考えずに、現在の世代が環境を搾取《さくしゅ》しているという問題を表している。

実際、人類のもっとも難しい問題の一つは、富める者と貧しい者の格差が拡大し、生活のあらゆる面で社会を激しく二極化させていることだ。ジェンダー平等やクリーンエネルギーやスマートシティに関する議論は、エリートの間で目立っているにすぎない。その間、ピラミッドのもう一方の端にいる人々は、貧困から抜け出して食料や医療や基本的な衛生設備へのアクセスを得ようともがいている。だから、社会変革は、豊かなアーリーアダプターとあまり豊かではない大衆との隔たりを概して越えられない。

テクノロジーは土俵を平らにし、すべての人がよりよい生活ができるようにすると主張する人もいる。しかし、ほとんどの技術ソリューションは、何年もの研究から生まれたものなので、まだ価格が高い。適切な介入がなければ、技術イノベーションはよりよいアクセスを持つ豊かな人々だけに有利になるだろう。たとえば、高い教育を受け、高価値の仕事を持つ人々はオートメーションを使って豊かになることができ、その一方で、もう一方の端にいる人々は職を失うだろう。

今日、人間のためのテクノロジー利用は最上層に集中しすぎている。当然ながら企業はお金を追い求め、儲《もう》かる可能性が高いセグメントに技術を投入する。だから、AIアルゴリズムは選ばれた少数の行動をマッピングすることに焦点を合わせすぎており、その少数が大多数の人々と似通っていると想定している。先進技術はほとんどの人にとって、関係のないものになりがちだ。この状況は変わる必要がある。技術のアクセシビリティ〈利用可能性〉とレレバンシー〈関連性〉を高めることは、マーケティング5・0が機能するために必要不可欠である。

二極化した社会

企業は過去数十年にわたり莫大な富を生み出してきた。だが、その富の分配は不平等で、人々を両方の極に引き寄せてきた。中間のセグメントはゆっくり移動して、ピラミッドの頂点に登るか、底辺に落ちるかのどちらかになる。それは社会の形を正規分布から——ウィリアム・オオウチや大前研一《おおまえけんいち》が述べているような——M字分布、すなわち上層と下層にもっとも多くの人がいる分布に変える。上層の人々と下層の人々は、それぞれ相容《あいい》れない人生の優先事項や思想を持っており、そのため二つの層は互いに反目している【図3-1】。

図3-1／二極化している社会

雇用の二極化

高価値、高賃金の雇用と低価値、低賃金の雇用が増加しており、その一方で、中間のあらゆるものが縮小している。

思想の二極化

世界観や思想の二極化（たとえば保護主義対自由貿易）が、人々を反対の方向に引き寄せている。

ライフスタイルの二極化

ミニマリスト的ライフスタイルと消費主義的ライフスタイルの両方が増加傾向にあり、人々の製品・サービスの購入の仕方に影響を与えている。

市場の二極化

高級品やぜいたく品を求めるプレミアムセグメントと、低価格で最低限の機能を求めるバリューセグメントが拡大しており、その一方で、中間市場は縮小している。

雇用の二極化

富の不均衡を生じさせているおもな要因の一つは、富を摑《つか》み取る機会が分化していることだ。最上層の人々が自分の賃金水準を決定したり交渉したりする大きな力を持っていることは、企業構造に内在する特徴である。アメリカのシンクタンク、エコノミック・ポリシー・インスティテュートの報告書によると、過去四十年間に最上層の経営幹部の報酬は一千パーセント以上増加した。ほとんどの報酬が株主価値の増大に連動しているのだから、高い賃金水準は当然のことだと主張する人もいる。だが、過度な報酬は本当の貢献度や能力を反映したものではなく、経営幹部の力と要求の結果だと主張する人もいる。いずれにしても、経営幹部の賃金の伸び率は平均的従業員の賃金上昇率の百倍に近く、富の格差を拡大している。

もう一つの要因は、富を摑み取る能力やスキルが変化していることだ。経済協力開発機構（ＯＥＣＤ）が報告しているように、高価値・高賃金の雇用と低価値・低賃金の雇用はどちらも増加しており、その一方で、中間のあらゆるものが縮小している。需要の多いスキルを持つ人材は――ホワイトカラーの職種でもブルーカラーの職種でも――必ずしも賃金水準の高い雇用ではないとはいえ、他の人々より雇用を得る可能性が高いだろう。アメリカ労働統計局の予測によると、次の十年には、代替エネルギー、情報技術、医療、データ分析に関連する技術職の雇用がもっとも増加する。これらの雇用の中には高い報酬を伴うものもあるが、わずかな賃金しか得られないものもある。こうした賃金格差が、雇用構造をますます二極化させる。

アメリカのような先進国の場合、グローバル化とデジタル化の両方が雇用の二極化をさらに悪化させる。グローバル化によって企業は低スキルの雇用を海外に移転し、その一方で、高スキルの専門技術の開発に集中して、それらを新興諸国に輸出することができる。また、デジタル化、とりわけ製造業のオートメーションのデジタル化は、反復作業の職種を消滅させ、その一方で、より高技術の職種に対する需要を増大させる。

思想の二極化

グローバル化は経済的包摂《ほうせつ》を必要とするが、平等な経済は生み出さないというグローバル化のパラドックスがある。グローバル化によって得をしている国もあるが、それに劣らず多くの国がグローバル化によって打撃を受けている。多くの人がグローバル化を不平等の原因として非難している。緊張に対処する中で、人々はどちらか一方の側につくようになり、二極化した信条や世界観に引き寄せられている。国境のない世界を受け入れれば、より大きな価値がもたらされると考えている人もいれば、もっと障壁の多い保護主義を求める人もいる。ブレグジット〈イギリスのEU離脱〉の過程やドナルド・トランプの大統領としての動きに見られたように、政治家は有権者に対する自らの訴求力を高めるために、より閉鎖的なモデルの代弁者になろうとして分裂を増幅する。

直接的な影響として、世界各地でアイデンティティ政治〈アイデンティティに基づく集団の利益を代弁して行う政治活動〉が勢いを増している。その副作用は、立場や決定が必ずしも共通の利益のためではなく、政治的アイデンティティというレンズを通して判定されるようになっていることだ。そして往々にして、事実ではなく感情が会話の二極化を促進している。ソーシャル・メディアのフィルターバブル〈過去のユーザー情報をもとに各人に最適化されたコンテンツが表示され、似通った情報や視点に囲まれてしまう状態のこと〉が、偽情報の拡散とともに、状況をさらに悪化させている。

その結果、いくつかの重要な課題に対する姿勢がこれまで以上に二極化しつつある。どの政党に所属しているかがおもな関心事を決めるのである。たとえば、気候変動対策や医療費規制は、民主党員には共和党員より差し迫った課題とみなされている。逆に、景気対策やテロ対策は共和党員にとって最優先課題だ。理想的な住まいの定義さえ支持政党によって異なる。ピュー・リサーチ・センターによると、ほとんどの民主党員が徒歩圏内に公共施設がある住宅密集地域を好み、他方、ほとんどの共和党員がその反対を好む。また、民族的に多様なコミュニティで暮らすことを好む人は、共和党員より民主党員に多いようである。

ライフスタイルの二極化

二極化は、思想やコミュニティの選択だけでなくライフスタイルの選好でも起こっている。一方の端では、ミニマリスト運動が次第に支持されるようになっている。日本の片づけコンサルタント、近藤麻理恵《こんどうまりえ》は、住まいを片づけるミニマリスト的手法を提唱することによって世界的な著名人になった。ミニマリズムの背後にあるのは、モノが少ない暮らしはストレスを減らし、重荷から解放し、本当に重要なことを追求する自由を与えるという考えだ。

ＣＯＶＩＤ－19のパンデミックと失業によってもたらされた経済的困窮のせいで、本当につましい暮らしをせざるをえなくなっている人もいる。彼らは生活必需品に以前より重きを置き、裁量支出を減らしている。だが、高い購買力を持つ裕福な人々の中にさえ、以前より控えめなライフスタイルを選び、過度な買い物を避けている人がいる。彼らはさらに、自分の二酸化炭素排出量を意識し、世界の貧困に思いをはせて、モノを所有しようとすることを差し控えている。そして、意識的消費、サステナブルな衣類、責任ある旅行習慣を守る暮らし方をしている。

対照的にもう一方の端では、消費主義のライフスタイルも増加している。一部の人は豪華なライフスタイルやぜいたくな買い物を見せびらかしたいと思っている。このような人はさまざまな社会経済階層に存在しているが、そのほとんどが中間層や新興富裕層の出身である。

消費主義者たちは、ソーシャル・メディアをベンチマーク・ツールとして使い、もっと上の社会階層の人々を模倣して社会の階段を上ることをめざしている。彼らは概してアーリーアダプターで、新たに発売された製品を真っ先に購入する。彼らのソーシャル・メディアのフィード〈興味に合わせて情報が表示される機能・画面〉は、ブランド体験の記録になる。「取り残されることへの不安」〈fear of missing out の頭文字から「FOMO」〉が、往々にして彼らにつきまとい、彼らの購入決定や人生の優先事項を左右するのである。信条は「人生は一度きり」〈you only live once から「YOLO」〉であり、だから彼らは全力でお金を使うのだ。

社会階層の両方の端にいる人々は、自分のライフスタイルが幸せをもたらしてくれると信じている。消費主義者もミニマリストも、新しいライフスタイルから利益を得ることをめざすマーケターたちを引き付ける。中間のものはすべて消滅に向かっているだけに、実際のところ、彼らは今、追求する価値のある二大市場となっている。

市場の二極化

市場はもっとも安価なものからもっとも高級なものまで含んだ幅広いオファリングで構成されてはおらず、トップとボトムの両極に分かれ始めている。中間のセグメントは消滅しつつある。良質だが余計なものを省いたオファリングか、より高級でぜいたくなオファリングのどちらかに人々が移行しているからだ。その結果、トップとボトムのプレーヤーが増加しており、重要性を維持するのに苦労している中間市場のプレーヤーを追い出しつつある。しかも、この傾向は食料品やファッションから、食品サービス、航空会社、自動車まで、すべての製品カテゴリーで起こっている【図3–2】。

経済危機、とりわけ今回のパンデミックに伴う経済危機は、低所得の顧客の支出に長期間に及ぶ影響を与えたように思われる。これまでも、苦しい時期には割引品を求める買い物客が急増していた。顧客は節約するために基本的な低価格製品を試しに購入し、品質が満足できることを発見して、それに慣れていた。それまではお金を出しすぎていたことに気づいて、高価格のブランドに戻ろうとしない顧客さえいた。このトレンドは、最近の低コスト製品の品質向上と連動している。低コスト製品は、より低コストで、より効率的な製造技術のおかげで、極めて優れたものになっているの

図 3-2／あらゆるカテゴリーにわたる市場の二極化

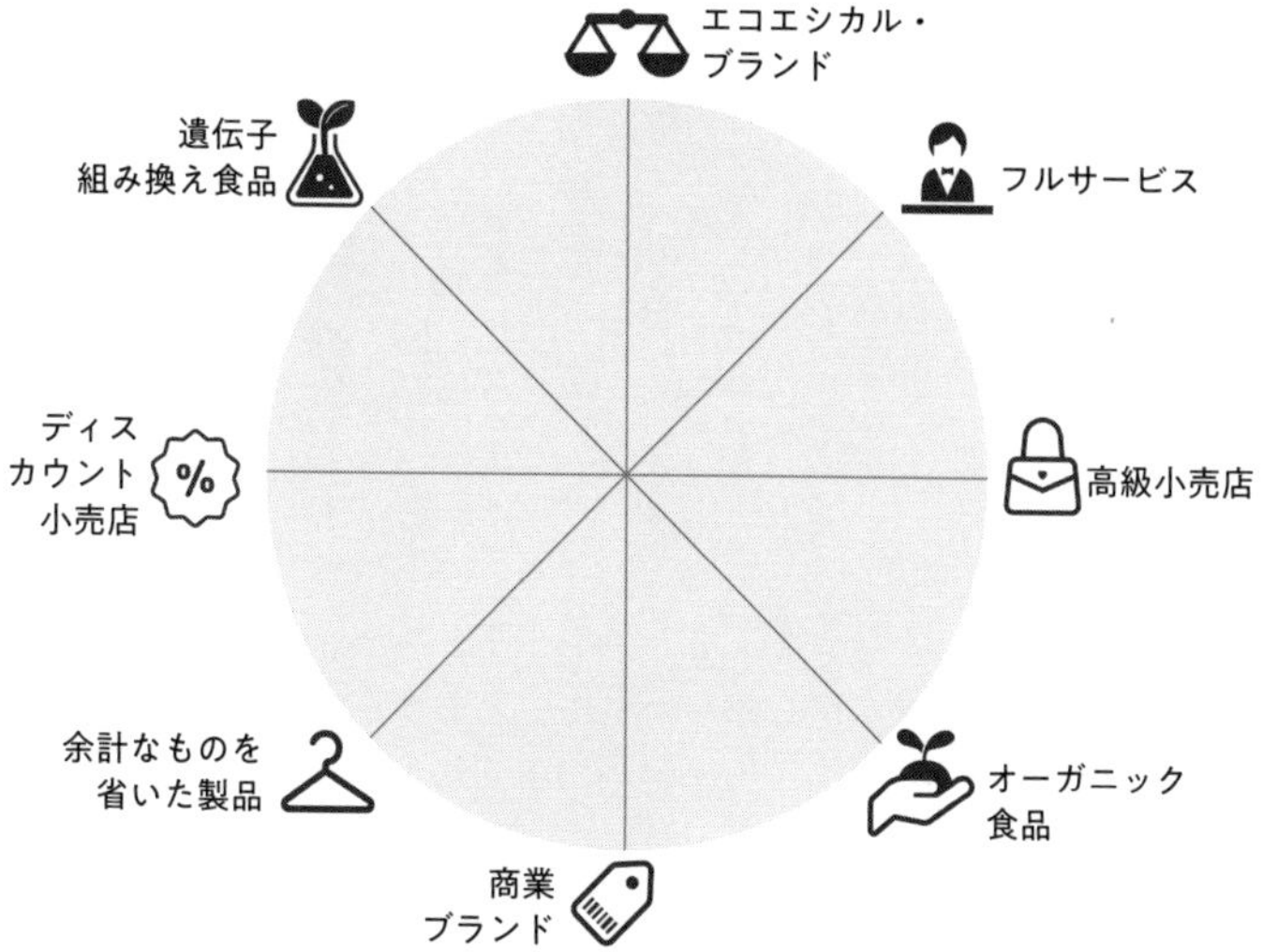

である。

その一方で、高所得の顧客は危機の影響をさほど受けず、危機から利益さえ得た。危機とパンデミックは彼らに健康の大切さを改めて痛感させ、したがって彼らはまさに健康を提供する特別な製品・サービスに向かった。収入の増加が概して支出の増加と等しいことも、とりわけニューリッチ層については依然として当てはまる。富裕層のコミュニティに属していることからも、彼らは仲間と似通ったライフスタイルを送り、自分の成功を見せびらかしたいという気持ちになる。だから、彼らは常により高い層のオファリングに乗り換えようとする。

このトレンドに適応するために、産業界のプレーヤーたちはコストリーダーシップ戦略か顧客体験戦略のどちらかを追求している。低コストの供給者は製品・サービスの本来価値を重視する。すなわち余計なものを取り除き、品質面ではまったく妥協していないと人々に確信させながら、中核的便益を強化するということだ。これらの企業は、バンドル効果〈製品を組み合わせて売ることで売り上げが増える効果〉を狙った価値提案から単品としての価値提案に戦略を変えて、顧客が自分にとって役立つ製品・サービス構成を選べるようにしている。

一方、プレミアム価格ブランドは、オファリングの付帯価値を強化することに力を入れている。トータル顧客体験（CX）のイノベーションが肝心で、最高品質の素材、特別な顧客専用の販売・サービス・チャネル、豪華なブランド・ナラティブ〈顧客によって語られる物語で、ブランドイメージに結び付く〉のすべてをパッケージにして、顧客に提供している。これらの企業はさらに、手頃な価格の高級オファリングを提供して中間層の顧客により高価な製品・サービスへのスイッチを促すことによって、シェアを拡大しようとしている。

なぜ包摂性とサステナビリティが重要なのか

富の格差の拡大から生じる社会の二極化は、人間の生活の面に深い影響を与える可能性がある。

生きるのがやっとの人々と、グローバル化とデジタル化の中で繁栄している人々との分裂は無視されてはならない。政治の不確実性や社会の不安定さ、それに経済の崩壊は、解決されずに放置されたら大きなリスクになる。企業は不平等な富の分配に部分的ではあるが責任がある。市場は企業に、成長追求へのより包摂的でサステナブルなアプローチによって、富の分配の問題を解決する主体になることを期待している【図3-3】。

サステナブルな成長の必要性

企業は近年、新しい成長市場を見つけにくくなっている。購買力を持つ未対応の市場は希少になり、もっともうまく経営されている企業でさえ、市場の拡大と新製品の投入によって組織的成長を生み出し、維持するのに四苦八苦している。おまけに、これは今後も手ごわい課題であり続けるだろう。経済学者たちは、世界の経済成長は次の十年間は鈍化し続けると予測している。

市場の飽和状態、新規競合の急増、購買力の低下、複雑すぎる業務など、共通の障害が、停滞に近い状態の原因になってきたのかもしれない。その状態はおそらく、企業が生態学的観点だけでなく社会的観点からも、まもなく成長の限界に達するという注意喚起のメッセージだったのだろう。環境の収容能力には限界があり、市場の収容能力にも限界がある。

図 **3-3**／ 企業活動の背後にある理由

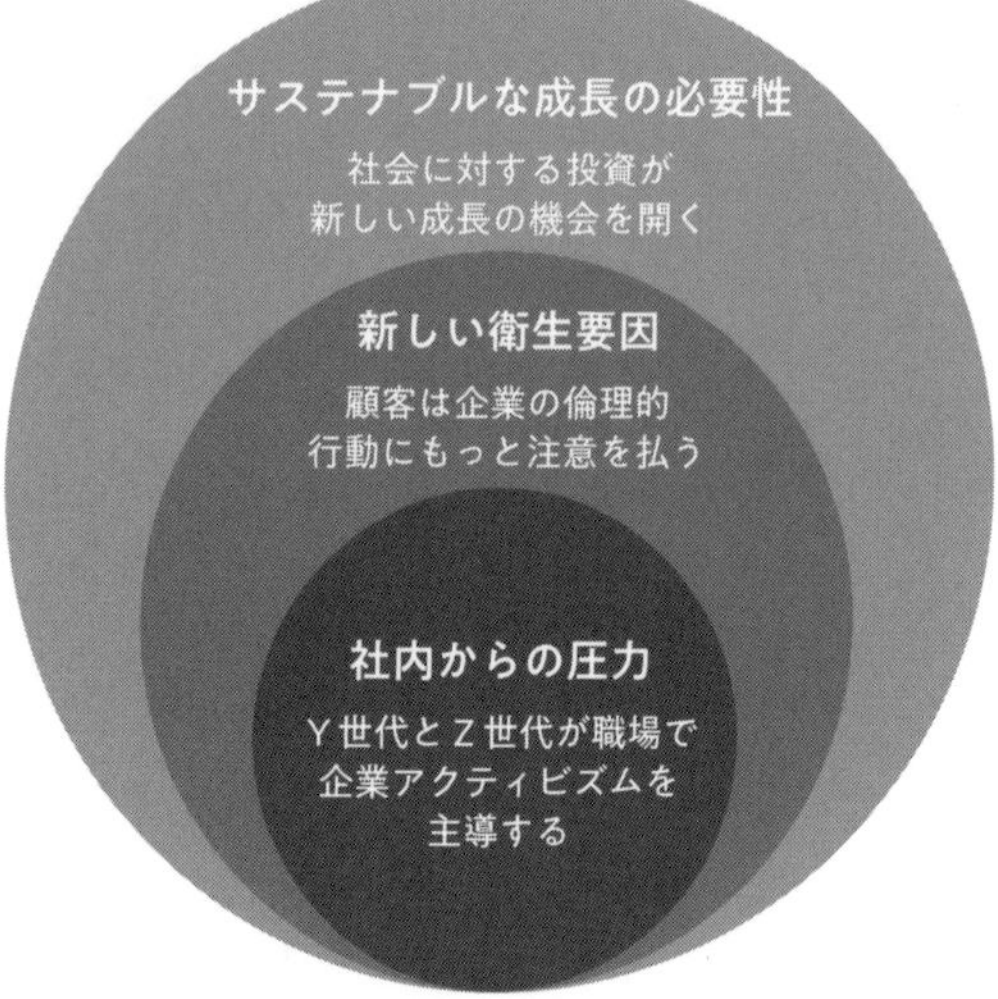
サステナブルな成長の必要性
社会に対する投資が
新しい成長の機会を開く
新しい衛生要因
顧客は企業の倫理的
行動にもっと注意を払う
社内からの圧力
Y世代とZ世代が職場で
企業アクティビズムを
主導する

企業はかつて、利益の一部を社会の発展のために再投資したら、急速な成長を犠牲にすることになると思っていた。実際にはその反対が本当であることを、企業は理解しなければならない。ビジネスをするにあたっては、負の外部性を考慮に入れる必要がある。何十年もの積極的な成長戦略は、環境を劣化させ、社会を不平等にしてきた。活力が失われ、衰退している社会の中では企業は繁栄できない。

成長だけに重点が置かれ、社会開発が無視されるなら、企業はすぐに限界に達するだろう。富の二極化が進む中で、市場、とりわけ下半分の市場は、より野心的な成長戦略を吸収することなどできないにちがいない。成功するのは、負の外部性を修復するだけの力を持っている企業である。だから、企業がサステナブルになるためには、成長計画に社会開発のおもな要素を盛り込まなければならないのだ。

企業によるソーシャル・アクティビズムは、将来の成長という観点から優良投資であることが証明されるだろう。十分に対応されていない何十億人もの人々が貧困から脱し、もっと教育を受け、もっと高い所得を得るようになれば、世界中の市場が大きく成長する。それまで開拓されていなかったセグメントが、新しい成長の源泉になる。そのうえ、より安定した社会とサステナブルな環境の中で、ビジネスをするコストとリスクがはるかに低くなる。

新しい衛生要因

十年前にマーケティング3・0が発表された際、人間中心のビジネスモデルは、アーリーアダプターに競争優位を与えるという比較的新しい差別化の源泉だった。プラスの社会的影響を持つ活動を行っているブランドをある顧客集団が支持し始めたら、少数の企業が人間中心のアプローチを採用して、それを中核的なビジネス戦略にするようになった。ザ・ボディショップやベン&ジェリーズなどの先駆的なブランドは、クールとみなされた。これらのブランドのビジネスは、社会問題に対するいくつかの解決策を組み込んでいて、顧客が参加できるようになっていた。人類のもっとも難しい課題は、これらの企業にとっては最大のビジネスチャンスだったのだ。

今日では、この人間中心というトレンドが主流になっている。何千もの企業が自社の社会的・環境的影響をとくに重視しており、それをイノベーションの重要な源泉として積極的に利用している企業さえある。健康志向のライフスタイルを促進する、二酸化炭素排出量を最小限に抑える、新興市場国の供給業者とフェアトレードを行う、適正な労働慣行を確保する、ピラミッドの底辺で起業家精神を育てるなどによって、多くのブランドが忠実な支持者を獲得してきた。

自社の短期的な利益だけにとらわれない広い視野や使命や価値を持っていることは、企業のハイジーン・ファクター〈衛生要因、すなわち満たされないと不満の要因になるもの〉になっており、それがないブランドには競争するチャンスが与えられない。責任ある慣行を取り入れられない企業は、見込み客に見過ごされるリスクを冒していることになる。顧客はますます、企業の倫理的行動に対する自身の認識に基づいて購買決定を下すようになっている。今日、顧客はブランドが社会全体の利益のために活動することを期待しており、企業もそれを認識している。マイクロソフト、スターバックス、ファイザー、ユニリーバ、それに他の何百もの企業が、フェイスブック〈現メタ〉にヘイトスピーチや偽情報の扱い方を改善するよう求めてフェイスブック上での広告を取りやめた「ストップ・ヘイト・フォー・プロフィット」〈利益のためのヘイトをやめろ〉キャンペーンは、企業アクティビズムの重要性をよく示している。

ブランドは自社が参加し、競争している市場を――搾取するだけでなく――開発、育成するべきだ。つまり、企業は短期的な株主価値だけでなく、長期的な社会的価値も高める責任があるとみなされているのである。それに、インターネットのおかげで、企業は絶えず注視されており、顧客が企業の倫理的側面を監視することはかつてより容易になっている。企業が自社の活動によって生じる経済・環境・社会的インパクトを定期的に開示するサステナビリティレポートで自社の前進を測定、公表することは、今では標準的な慣行といえる。

社内からの圧力

外部のトレンドは社内の動きも映し出す傾向がある。社会的インパクトは比較的若い人材の心に強く響く。企業は従業員の要求に応えて、企業価値に社会的使命を盛り込むようになっている。労働力人口の中でもっとも人数が多いY世代の従業員は、長年、社会の変革を促進してきた。彼らは顧客として購買力を使うことによっても社内から社会変革を唱えることによっても、影響力を行使する。また、今ではZ世代が労働力人口に参入し始めており――まもなく新しい多数派になるだろう――社会的、環境的に責任ある慣行を求める社内からの圧力も高まっている（さまざまな世代に関する情報については第2章を参照してほしい）。

職場における多様性、包摂性、機会の平等は、人材争奪戦の必須アイテムになっており、採用、報酬、人材開発の慣行に大きな影響を与えている。BCG〈ボストン・コンサルティング・グループ〉やマッキンゼーやヘイズが行った多くの調査によって、それらの慣行が、より健全な文化、より優れた創造性、より豊かな視点を通じて、実際に企業の生産性や財務実績を高めることが明らかになっている。

そのうえ、若い世代の従業員を引き付け、維持するためには、企業の価値観がこれまで以上に重要である。選ばれる雇用者になるためには、企業は従業員に対しても顧客に対して使うものと同じストーリーテリング・ナラティブ〈対話をしながらストーリーを共創していく手法〉を使う必要がある。企業の価値観は、手がけている事業とうまく整合しているとき、もっとも本物だと感じられる。たとえば、石油・ガス会社は再生可能エネルギーや電気自動車への移行に目を向けなければならない。パーソナルケアブランドは、自社が対応するコミュニティの衛生管理に貢献することを選んでもよい。肥満の撲滅は、食品・飲料メーカーの中心的な活動になりうる。

だが、クレド〈企業としての信条や価値観〉は言葉だけであってはならない。企業は誠実さを示し、自社が説くことを実践しなければならない。従業員は不誠実な約束やご都合主義的言動をいとも簡単に見抜いてしまう。価値観の実践は、慈善的寄付や博愛的行為のレベルで止まってはならない。サプライチェーンや製品開発や流通から人的資源慣行に至るまで、事業戦略全体に影響を及ぼさなければならないはずである。

戦略を持続可能な開発目標と整合させる

社会をよりよくする上で企業の役割は極めて重要である。しかし、ほとんどの企業が資源を投入し、企業アクティビズムを戦略の中心に据えたとしても、その影響は世界を変えるには十分ではないかもしれない。相乗効果を生み出すためには協調行動が必要だ。諸国の政府と市民社会と企業を参加させるグローバルな連携プラットフォームがあれば、ビジョンを持つ企業が志を同じくする組織を見つけて世界中で協働することが可能になるだろう。

この点で、持続可能な開発目標(SDGs)が重要な役割を果たす。国連加盟国は二〇一五年に「持続可能な開発のための二〇三〇アジェンダ」を採択し、SDGsとして知られる十七の目標を達成することを誓った【図3-4】。SDGsはミレニアム開発目標(MDGs)に代わって共通のビジョンとなり、もっとも差し迫った社会的・環境的課題に取り組むにあたって、おもな利害関係者の指針となる標準設計図の役割を果たす。

SDGsの実行は、いくつかの課題に直面している。それらの課題は、主として自分たちの生活との関連性があまり認識されていないことから生じる。世界経済フォーラムが委託した調査で、世界の市民の約七十四パーセントがSDGsについて知っていることが明らかになった。しかし、彼らのほとんどが、食料、水、健康、エネルギーなど、自分たちの生活に切迫して関連する目標だけを支持する傾向にある。そして、ジェンダーや所得格差など、より高尚な目標に関しては距離を置いてしまう。

この親和性の欠如を改善するための企業の役割は明白だ。企業はSDGsを自社のマーケティング活動や他のビジネス活動に盛り込むことによって、これらの目標を顧客の生活にすんなり溶け込ませる手助けができる。そうすればSDGsは、政府の構想というより、どこの家庭でも当たり前の目標になるだろう。

単純化して言うと、企業はSDGsを二つの大きな視点、すなわち人道的視点と環境的視点からとらえなければならない。世界をよりよい場所にするためには、一方では、地球上の人々にとっての可能性を高めること、すなわち人々に基本的な生活必需品、基本的なライフスキル、それに平等な機会を提供することが必要だ。もう一方では、環境を保全・保護すること、すなわち環境を未来世代のためのサステナブルな住処にすることも必要だ。

SDGsはさらに、富の創出と公正な富の分配の両方を促進する。具体的な目標として、みんなが繁栄するために最適なエコシステムと最適な状態を生み出すことをめざしている。質の高いイン

図 **3-4**／ 17のSDGsにおける包摂的な開発と持続可能な開発

サステナビリティ ＼ 包摂性	富の創出	富の分配	
	12 つくる責任、つかう責任 13 気候変動に具体的な対策を 14 海の豊かさを守ろう 15 陸の豊かさも守ろう	6 安全な水とトイレを世界中に 7 エネルギーをみんなにそしてクリーンに 11 住み続けられるまちづくりを	環境的観点
	8 働きがいも経済成長も 9 産業と技術革新の基盤をつくろう 16 平和と公正をすべての人に 17 パートナーシップで目標を達成しよう	1 貧困をなくそう 2 飢餓をゼロに 3 すべての人に健康と福祉を 4 質の高い教育をみんなに 5 ジェンダー平等を実現しよう 10 人や国の不平等をなくそう	人道的観点

フラと安全な住宅を開発することや犯罪や汚職を減らすことは、こうした目標の例である。他の目標は、とりわけ疎外されている集団に対して、豊かになる機会を均等に拡大することに重点を置いている。例としては、女性に対する差別の撤廃や教育の機会均等が挙げられる。

目標のカテゴリー分けは、目標を単純化するのに役立ち、企業が自社のもっともよい貢献の仕方を理解し、優先順位を付ける助けになる。十七の目標を見ると、人々は少し圧倒されて、意欲をなくしてしまう可能性がある。だが本質的には、これらの目標は単純に包摂的でサステナブルな開発を促進することをめざしている。したがって、企業は自社のバリューチェーンのどこで真のインパクトを与えられるかをすぐに特定できる。

包摂性の面では、たとえばヘルスケア企業は、健康的なライフスタイルの促進や、地方の貧しい人々に対する手頃な価格の診断ツールや医薬品の提供に力を入れるかもしれない。サステナビリティの面では、技術を利用して遠隔地の人々に遠隔医療サービスを提供するかもしれない。それらは、移動を減らし、エネルギーを保全し、二酸化炭素排出量を削減することになる。

金融サービス会社は、十分対応されていない市場をターゲットにし、金融テクノロジー（フィンテック）モデルを使って、金融的包摂を促進するかもしれない。同時に、再生可能エネルギーの開発に融資し、環境を劣化させるプロジェクトへの投資を回避することによって、サステナブルな投資を支持、促進できるはずである。

製造企業は、生産資材のリデュース〈削減〉、リユース〈再使用〉、リサイクルを重視する循環型経済モデルの採用によって、サステナビリティに貢献するかもしれない。また、マイノリティの人々を採用したり、自社のサプライチェーンに中小企業を参加させたりすることによって、経済的包摂に貢献できるだろう。

企業は包摂性やサステナビリティを促進するこれらの慣行を採用することの直接的、間接的メリットをすぐに理解するはずである。オフィスや製造施設におけるエネルギー効率のよい活動は、コストの低下を意味する。リモートワークや相乗り通勤による移動の減少も、企業のコストをある程度削減する。

そのうえ、十分対応されていない市場に対応することは、新しい市場機会を開き、また、もっとも重要な点として、企業にリバース・イノベーションを行わせる。かつては、イノベーションは通常、先進国から途上国に伝わっていくものだった。今日では、それが逆になっている。たとえば、GEなどの企業は、途上国向けに低コストの医療機器を開発し、それを「ポータブル」機器としてリポジショニングして、先進国に売り込んできた。

明確な達成目標の設定は、企業が自社のアクティビズムの規模と範囲を理解する助けになる。また、企業が社内で実行を推進できるようにする。メリットを測定、モニターすることは、企業が自社の慣行を継続する後押しとなるだろう。また、企業アクティビズムが責任だというだけでなく、健全な投資でもあるということをより明白にする。そのうえ、結果を報告し公表することは、似通った企業に同様の活動をする意欲を起こさせ、潜在的パートナーが協働の可能性を見出す助けになるはずである。

まとめ――社会のために包摂的でサステナブルなマーケティングを生み出す

マーケターが今日直面しているおもな課題の一つは、雇用から思想、ライフスタイル、市場に至るまで、人間の生活のあらゆる面で極端な二極化が起こっていることだ。その根本原因は、社会経済階級の最上層と最下層の格差の拡大である。中間の市場は、下降するか上昇するかのどちらかになって、消滅し始めている。

あらゆるものが二極化しているとき、ブランドや企業のポジショニングを決める意味のある方法は〈包摂性とサステナビリティという〉二つしかない。二極化は企業が活動できる市場を限定する。だが、もっとも重要な点として、二極化は、とくに経済が鈍化し、プレーヤーが急増している中で、成長の機会を限定してしまう。

持続可能な開発計画（ＳＤＧｓ）と整合する包摂的でサステナブルなマーケティングは、よりよい富の分配を通じてこの問題を解決する。そして、それによって社会は元の形に戻るだろう。企業は人間中心というコンセプトを自社のビジネスモデルに組み込んで、目的を持って社会に投資し、同時にテクノロジーを活用しなければならない。テクノロジーは進歩を加速し、すべての人に機会を開くことによって、大きな役割を果たすからである。

考えるべき問い

▼

- □自分は組織内で人間中心というコンセプトを積極的に利用し、自分のビジョンや使命や価値観に社会的インパクトを組み込んでいるか？
- □自社の戦略を持続可能な開発目標（ＳＤＧｓ）と整合させることによって、どのようにより大きなインパクトを生み出せるかを考えよう。十七の目標のうち、どれが自社の事業に関連しているか？

第4章

デジタル・ディバイド

テクノロジーをパーソナルに、ソーシャルに、そしてエクスペリエンシャルにする

DIGITAL DIVIDE

雑誌『WIRED』は二〇〇〇年四月号に、サン・マイクロシステムズの共同創業者、ビル・ジョイによる「なぜ未来はわれわれを必要としないのか?」と題した記事を掲載した。この記事は、優れた知能を持つマシンが人間に取って代わる「シンギュラリティ時代」が来るというディストピア〈暗黒郷〉的シナリオを自明のこととしていた。『WIRED』はその二十世紀最後の年に、ロボティクスと人工知能(AI)の合体について検討し、それらの先進技術が人間の未来に与える影響を予測する他の特集記事もいくつか発表した。

二十年後の今日、そのシナリオはまだ現実にはなっていない。シンギュラリティは今も議論されている。テスラのイーロン・マスクやアリババのジャック・マーが、二〇一九年に世界人工知能大会の場で「人間対マシン」について議論したことはよく知られている。イーロン・マスクは、ビル・ジョイと同じく、AIが人間文明を終わらせる恐れがあるという懸念を表明し、一方、ジャック・マーは、人間はその感情能力ゆえに常にマシンよりはるかに優れていると主張した。

ビジネスピープルは、雇用の喪失から人類の消滅まで、AIの脅威を警戒してきた。だが、多くの人が、その危険は過大評価されているのではないかと思っている。われわれはずいぶん前に、なにもかも自動化されたスマートホーム、自動運転車、自動製造の3Dプリンターなど、AIを利用した未来のオートメーションを想像した。だが、オートメーションはそうした製品を限定的な試作品という形で利用できるようにしただけで、主流になることはできていない。

オートメーションは確かに一部の雇用を奪い続けるだろう。ブルッキングス研究所は、オートメーションはアメリカの雇用の二十五パーセント、とりわけ反復作業の雇用で人間に取って代わるだろうと予測した。だが、ＡＩが人間の知能に追い付いて、完全に取って代わるのは、まだまだ先の話だ。シンギュラリティの提唱者たちでさえ、それが起こるにはまだ数十年かかると思っている。グーグルのレイ・カーツワイルやソフトバンクの孫正義《そんまさよし》は、シンギュラリティは二〇四五～二〇五〇年に、ようやく起こるだろうと予測している。

デジタル・ディバイドはまだ消えていない

二〇二〇年現在、インターネット・ユーザーは五十億人弱に達している。ロンドンに拠点を置く調査会社、ウィーアーソーシャルの推定によると、この数は一日百万人のペースで増え続けている。したがって、十年後の二〇三〇年には、世界全体で八十億人以上のインターネット・ユーザーが存在し、これは世界の人口の九十パーセント以上に相当する。

接続性の基本的な障壁は、もはやインターネットの利用可能性や接続可能性ではない。世界の全人口に近い人々が、すでにモバイル通信ネットワークがカバーしている地域内で暮らしている。インドネシアを例にとってみよう。ジョニー・プレート通信情報技術大臣によると、世界第四位の人口を持つこの国は、一万七千を超える島々に住む人々に高速インターネットを提供するため、陸上と海底を合わせて二十一万六千マイル〈約三十五万キロメートル〉以上の光ファイバー・ネットワークを築いている。

そのため、今日における接続性の最大の課題は、アクセスにかかる費用が高いことと使用例が単純であることだ。それに、インターネットの利用は均等に分布してはいないので、新規ユーザーのほとんどが新興市場の人々である。これらの市場はモバイルファーストで、しかもモバイルオンリーであることが多い。手頃な価格のモバイル・デバイス、軽量のOS、安価なデータプラン、それに無料のWi－Fiスポットが、「次の十億人のユーザー」セグメントを獲得するための重要なドライバー〈促進要因〉となっている。

人と人を接続することに加えて、インターネットはデバイスとマシンも接続する。いわゆるモノのインターネット（IoT）である。これは家庭でも産業の場でも、スマート計測や資産追跡など、監視のために利用できる。デバイスとマシンが互いに通信できるIoTを利用すれば、人間が操作しなくても、あらゆるものを遠隔で自動的に管理できる。したがって、最終的には、IoTが自動化の根幹になり、一方、AIはデバイスやマシンを制御する頭脳になるだろう。

二〇三〇年には、ネットワークに接続されたIoTデバイスが何千億台も存在しているだろうと、テクノロジー企業は予測しているが、実現には時間がかかる。ガートナーは、二〇二〇年現在、スマート電気メーターやビルセキュリティ監視システムなどの形で設置されているIoTデバイスは六十億台弱にすぎないと推定している。この数を増加させるおもなドライバーは5G、すなわち第五世代モバイル・テクノロジーだ。5Gは現在の4Gネットワークより最大で百倍高速で、十倍のデバイスをサポートするので、IoTにとって4Gよりはるかに効率がよい。

ユビキタスに近い人と人、マシンとマシンの接続性は、フルデジタル経済のための基本的なインフラである。それはオートメーションと遠隔製造を可能にし、従来のサプライチェーンを不要にする。買い手と売り手の間のシームレスなインタラクション〈相互作用〉、トランザクション〈取り引き〉、フルフィルメント〈遂行〉を可能にする。職場環境では、従業員の協調を促進し、ビジネスプロセスをより効率的にし、最終的には従業員の生産性を向上させる。

しかし、フルデジタルのインフラは、フルデジタルの社会を約束するわけではない。デジタル技術は、主として基本的な通信やコンテンツ消費のために使われており、より高度な応用は民間部門においてさえまだ少ない。デジタル・ディバイドを埋めるためには、企業と顧客の両方がテクノロジーの導入を増やさなければならない。

デジタルインフラへのアクセスは同じであるにもかかわらず、導入率は産業によって異なる。ハイテク、メディア及びエンターテインメント、電気通信、金融サービスなどの産業は、デジタル化のアーリーアダプターだ。それに対し、建設、鉱業、医療、政府などの部門は立ち遅れている。

デジタル化の実施意欲の違いには多くの要因が影響している。現行のマーケットリーダーは往々にして、蓄積した物理的資産をデジタル資産と交換するのを躊躇《ちゅうちょ》する。ところが通常、新興の競争相手――あまり資本集約的ではない事業を行うデジタル破壊者――のせいで、方針転換せざるをえなくなる。もう一つの推進要因は、収益性の低下に直面して人件費や他の経費を削減する必要に迫られることだ。利益の蓄えが縮小しつつある産業では、デジタル化への圧力はさらに強い。

だが、デジタル化の決定的な推進要因は、顧客からの圧力である。顧客がコミュニケーションや取り引きのためのデジタル・チャネルを要求すれば、企業は応じざるをえない。顧客がデジタル顧客体験（CX）を高く評価すれば、投資のための事業提案は正当とされるだろう。そうすれば、デジタル・ディバイドは消し去ることができる。デジタル市場が拡大すれば、よりよいマーケティング慣行が生まれ、企業はマーケティング5・0を採用できるようになるはずである。

デジタル化の危険性と可能性

デジタル・ディバイドは本来、デジタル技術を利用できるセグメントと利用できないセグメントとの断絶を指す言葉である。しかし、本当のデジタル・ディバイドは、デジタル化を支持する人々と批判する人々との間にある。完全にデジタル化した世界がより多くの機会をもたらすのか、それともより多くの脅威をもたらすのかについて、人々の意見は二極化している【図4-1】。われわれがリスクを管理し、可能性を探求しないかぎり、デジタル・ディバイドは残り続けるだろう。

デジタル化の危険性

多くの人に不安を抱かせるデジタル化の脅威は五つある。

1. 自動化と雇用の喪失

企業が自社のプロセスにロボティクスやAIなどの自動化技術を組み込む中で、雇用の喪失が起こるだろう。自動化はより少ない資源を使い、信頼性を高めることによって生産性の最適化をめざす。だが、必ずしもすべての雇用がリスクにさらされるわけではない。低価値でヒューマンエラーが起こりやすい反復作業は、ロボティック・プロセス・オートメーション（RPA）によって成果を

図 4-1／デジタル化の危険性と可能性

自動化と雇用の喪失
デジタル経済と富の創出
未知のものに対する
信頼の問題と不安
ビッグデータと
生涯学習
プライバシーと
セキュリティに関する懸念
スマート生活と
拡張された人間
フィルターバブルと
「ポスト真実」の時代
ウェルネスの向上と
寿命の延伸
デジタル・ライフスタイルと
行動面の副作用
サステナビリティと
社会的包摂

上げやすい分野である。しかしながら、人間の共感力や創造力が必要な仕事は、自動化するのは難しい。

脅威についても同様で、脅威は世界のどこでも同じというわけではない。人件費が高い先進諸国では、効率に対する自動化の影響は大きいだろう。それに対し、新興市場諸国では、人間の労働に代えて自動化を導入することは、コストの面でまだ正当化しにくい。こうした違いが、デジタル・ディバイドをより埋めにくくしている。

2．未知のものに対する信頼の問題と不安

デジタル化は、単にモバイル機器やソーシャル・メディアを通じて人々を繋ぐだけでなく、それよりはるかに複雑になりつつある。商取引から交通、教育、医療まで、人間の生活のあらゆる面に忍び込んでいる。この複雑なデジタル化の基盤となるのがＡＩ技術で、この技術は人間の知能の模倣だけでなく超越もめざしている。

高度なＡＩアルゴリズムやＡＩモデルは、人間の理解を超えていることが多い。コントロールの欠如に気づいたら、人間は不安を感じ、防御的反応をする。財務管理、自動運転、医療など、高度な信頼が求められる場合についてはとくにそうだ。信頼の問題はデジタル技術の導入を妨げる重要

な要因になるだろう。

3．プライバシーとセキュリティに関する懸念

ＡＩはデータを食べて成長するので、企業は顧客データベースや取引履歴、ソーシャル・メディアや他の情報源からデータを集める。そのデータを使ってＡＩエンジンがプロファイリング・モデルや予測アルゴリズムを生み出し、それによって企業は顧客の過去や未来の行動に関する詳細な理解を得ることができる。顧客の中には、その能力をカスタム化やパーソナル化のためのツールとみなす者もいるが、営利目的によるプライバシーの侵害とみなす者もいる。

デジタル技術は国家安全保障にも脅威をもたらす。戦闘用ドローンのような自律型兵器システムは、従来の兵器より防衛が難しい。人間の生活のあらゆる面がすでにデジタル化されている今日、諸国はサイバー攻撃を受けやすくなっている。ＩｏＴネットワークに対する攻撃は、一国のデジタル・インフラ全体を無力化することができる。このようなプライバシーやセキュリティに関する懸念は、依然として技術の導入を阻む大きな障害であり、企業や国はこうした懸念を乗り越えなければならない。

4. フィルターバブルと「ポスト真実」の時代

検索エンジンとソーシャル・メディアは、どちらも伝統的メディアを追い越してデジタル時代のおもな情報源になっている。どちらも認知を形成し、意見を構築する力を持っている。しかし、これらのツールには固有の問題が一つある。ユーザーのプロフィールに合わせて情報を提供するアルゴリズムが使われていることだ。パーソナル化された検索結果やソーシャル・メディアのフィードは、結果的に既存の考えを強化し、二極化した極端な意見を生み出す。

さらに懸念されるのが、事実と嘘を区別するのがかつてより難しい「ポスト真実」の世界が登場したことだ。作り話からディープフェイクまで、偽情報が至るところにある。AIの力を利用すれば、本物のように思える偽音声や偽画像を容易に作成できるようになっている。デジタル・ディバイドを埋めるためには、テクノロジーのこの意図せぬ結果に対処する必要がある。

5. デジタル・ライフスタイルと行動面の副作用

モバイル・アプリやソーシャル・メディアやゲームは、絶え間ない刺激と没入感を与えて人々を何時間も画面に釘付けにする。こうした依存のせいで、多くの人が他者と直接交流したり、身体的活動を行ったり、適切な睡眠習慣を維持したりすることができなくなり、総合的な幸福度を低下させる恐れがある。画面を見ながら過ごす時間が長すぎると、やがて注意力の持続時間が短くなり、生産的作業に集中しにくくなるという問題もある。

デジタル技術は、食料品を自宅まで配達してもらうことから、グーグルマップで目的地までの道順を調べることまで、日々の活動をより便利で、より努力のいらないものにしてくれる。また、人間を依存的で、ひとりよがりにする。決定を下すとき、われわれは自分の判断を無視して、AIアルゴリズムが提案してくれるものを信頼するようになる。機械に仕事をさせて、あまり介入しなくなり、いわゆる自動化バイアス〈自動化されたものからの提案を好む傾向〉を生み出す。デジタル化を広く行き渡らせるとき、こうした行動面での副作用を克服することが大きな課題になるだろう。

デジタル化の可能性

リスクが伴うにもかかわらず、デジタル化は社会にとって途方もなく大きな可能性をはらんでいる。デジタル化が価値をもたらす五つのシナリオを次に挙げてみよう。

1．デジタル経済と富の創出

デジタル化は何よりもまず、莫大な富を生み出すデジタル経済の興隆を可能にする。デジタル化によって、企業は地理的境界や産業の境界に縛られずに大量の取り引きを処理するプラットフォームやエコシステムを構築することができる。デジタル技術は企業に、顧客体験だけでなくビジネスモデルもイノベートする力を与える。顧客の高まる期待に応え、支払意思額を増大させ、最終的によりよい価値創造の手助けをしてくれる。

デジタル・ビジネスモデルは従来のモデルとは異なり、必要な資産が少なく、市場導入までにかかる時間が短く、スケーラビリティ〈拡張可能性〉が高い。したがって、企業は短期間に爆発的成長を遂げることができる。顧客体験全体をデジタル化することによっても、エラーの減少とコストの低下により、生産性と収益性の向上を実現できる。

2．ビッグデータと生涯学習

デジタル・プラットフォームとデジタル・エコシステムは、ビジネスのやり方を変化させる。さまざまな関係者——企業、顧客、その他の利害関係者——をシームレスに繋いで、無限のコミュニケーションと取り引きを可能にする。多くの産業にまたがるこうしたプラットフォームやエコシステムは、物理的資産を蓄積する代わりに大量の生データを集め、そのデータを燃料としてＡＩエンジンが幅広いナレッジベース〈知識基盤〉を築くはずである。

デジタル・ナレッジベースは、ＭＯＯＣｓ（ムークス）、すなわち大規模公開オンライン講座の成長をさらに加速し、ＡＩ活用のトレーニング・プランとティーチング・アシスタントでその成長を強化するだろう。また人々に、ＡＩ時代に意味のある存在であり続けるための新しいスキルの生涯学習を行う力を与えてくれる。

3. スマート生活と拡張された人間

デジタル化は、われわれがユートピア映画でしか見たことがないものを実現できる。フルデジタルの世界では、われわれはあらゆる活動が自動化されているか、音声で作動するかのスマートホームに住んでいる。ロボットのアシスタントが家事を手伝ってくれ、冷蔵庫がセルフオーダーして、ドローンが食料品を配達してくれるだろう。何かが必要なときはいつでも、われわれは３Ｄプリンターでそれをつくる。車庫には自動運転の電気自動車が待機していて、どこでも行きたいところに連れていってくれる。

このような世界になった時、われわれとデジタル世界を繋ぐものは、もはやスマートフォンだけではなくなっている。インターフェースはウェアラブルで、場合によっては人間の体に埋め込むことさえできる、より小型のデバイスへとシフトし、拡張された生活を生み出すだろう。たとえば、イーロン・マスクが設立したニューラリンク社は、脳とコンピューターを繋ぐ埋め込み型のコンピューターチップの開発を行っている。これが実現すれば、人間は自分の脳でコンピューターを動かすことができる。

4. ウェルネスの向上と寿命の延伸

ウェルネス〈健康を基盤として生き生きと輝く生活を送っている状態〉の分野では、先進バイオテクノロジーが人間の寿命を延伸することをめざしている。AIは医療のビッグデータを使って、新薬の発見やプレシジョン・メディシン〈精密医療〉、すなわち個々の患者に合わせた、パーソナライズされた診断と治療を可能にする。ゲノミクス〈ゲノムと遺伝子について研究する生命科学〉は、遺伝子疾患を予防、治療する遺伝子工学能力を与えてくれるだろう。ニューロテクノロジー〈脳科学の技術的応用分野〉は、脳障害を治療するチップを埋め込む方向に少しずつ近づいていくはずである。ウェアラブル端末や埋め込み型デバイスで継続的に健康状態を追跡することで、予防医療が可能になる。

そのうえ、フードテクノロジーでも同様の前進が見られる。飢餓や栄養不良を防ぐために、バイオテクノロジーとＡＩを組み合わせて、食料の生産と分配を最適化する取り組みが行われている。高齢者をターゲットにして、彼らの長寿にうまく対処し、生活の質を向上させるための製品・サービスを提供するエイジテック〈高齢者向けテクノロジー〉のスタートアップ企業も登場している。

5. サステナビリティと社会的包摂

デジタル化は環境のサステナビリティを確保するためにも重要な役割を果たしてくれる。電気自動車のシェアリングサービスは、おもな促進要因の一つになるだろう。近隣の人々が余剰電力をシェアできるピア・ツー・ピアの太陽エネルギー取引というコンセプトも、省エネルギーに役立つはずである。

製造業において、ＡＩは設計から原材料の選定や生産までの無駄の削減に役立つ。ＡＩを活用することで、循環型経済――リユースやリサイクルによって原材料を継続的に利用する閉じたループシステム――の構築が予想されるだろう。

デジタル・ディバイドが埋められ、世界中で普遍的な接続性が実現すれば、低所得コミュニティにも市場やノウハウへの平等なアクセスが提供される真の包摂社会が築かれる。そのような社会は低所得層の人々の生活を向上させ、貧困の撲滅を促進するだろう。

デジタル化に対する二極化した見方は、新しいデジタル・ディバイドだ。この論争に終止符を打つために、われわれはテクノロジーを利用する人間の側を深く掘り下げて、人間の最善の部分を引き出すテクノロジーを活用する必要がある。

テクノロジーはパーソナルになれる

マーケティング5・0の時代における顧客は、企業が自分のことを理解して、パーソナライズした体験を提供してくれることを期待する。これは顧客がごく少数の企業なら実行できるが、大規模かつ継続的に行うのは容易ではない。具体的な顧客プロフィールをつくり、そのプロフィールに合うオファーを生み出し、カスタマイズしたコンテンツを提供し、パーソナライズした体験を提供するためには、テクノロジーの利用が必須である。

AIはカスタマー・ジャーニーのあらゆるタッチポイントを三つの形で向上させる。第一に、より賢明なターゲティングを可能にする。つまり、最適なオファーを最適なタイミングで最適な顧客に提供できるようにするのである。第二に、よりよいプロダクト・フィット〈顧客ニーズへの適合度〉

を実現する。企業はパーソナライズした製品を提供し、しかも顧客がそれをカスタマイズすることさえ可能にするかもしれない。最後に、よりよいエンゲージメントを可能にする。企業は個々の顧客に合わせたコンテンツを提供でき、顧客とより親密に接することができる。

ＡＩを利用したパーソナル化は、顧客の満足度とロイヤルティを高め、ひいてはデータの共有に対する顧客の受容度を高める。パーソナル化の実際のメリットがプライバシー侵害の脅威を上回れば、顧客は個人データを共有することにもっと前向きになるだろう。重要なのは、人間の選択的注意〈多くの情報の中から自分が重要だと認識する情報だけを選んで注意を向けること〉を利用して、自分がコントロールしているという感覚を生み出すことだ。顧客はパーソナル化によって自らの意思決定が容易になり、同時に意思決定を自分でコントロールする余地がある程度与えられている場合に、パーソナル化をより好ましいと思うのである。

選択的注意を利用する

心理学者のバリー・シュワルツは著書『*The Paradox of Choice*』〈邦題『なぜ選ぶたびに後悔するのか――「選択の自由」の落とし穴』武田ランダムハウスジャパン、２００４年〉で、選択肢をなくしたら、一般通念に反して意思決定の悩みが減り、満足感が高まると主張している。実際、人間は生まれながらに選択的注意を備えている。われわれは自分に関連のある刺激に注意を向け、関連のない刺激は遮断する傾向がある。選択的注意のおかげで、われわれは限られた集中力の持続時間で情報をフィルターにかけ、処理して、重要なことに集中できる。

製品の選択肢やコマーシャルメッセージやチャネルの選択肢が多すぎると、われわれはあれこれ迷って、単純であるべき購買決定を行うのが難しくなる。複雑な決定をすることは自分の仕事ではないはずで、企業には選択肢を簡素化して最善の推奨を行う責任があると、われわれは思うようになっている。情報過負荷の時代における意思決定が容易になるように、AI技術が、われわれの頭の中の選択的注意というフィルタリングに取って代わるべきだろう。

何百万もの顧客プロフィールやレビューがある中で、企業は具体的な顧客ニーズをソリューションとマッチさせることができなくてはいけない。たとえば、消費財部門では、AIアルゴリズムが正確な製品の種類を提案し、どの配送センターからそれを発送するかを決定できるようになるべきだ。保険部門では、AIモデルを使うことで、企業は保険契約者の過去の行動に基づいて最適な補償の組み合わせと保険料を設定できるようになるかもしれない。

個々人がコントロールできるようにする

人間の本性に深く染み込んでいるのが、自分自身や環境をコントロールしたいという欲求である。コントロール感――自分の決定や結果を自分でコントロールしているという感覚――を持つことは幸福感を高めることが実証されている。そこで企業は、顧客の購買決定に関して、テクノロジーによってコントロールが容易になることを実証しなければならない。

顧客の選択肢を制限するということは、既定の選択肢を一つだけオファーするということではない。企業がAIを使って行ったパーソナル化に加えて、顧客によるさらなるカスタム化も可能でなければならない。顧客は製品の選択やタッチポイントの選定に関して、それぞれ異なるレベルのコントロールを望む。テクノロジーを利用することで、企業は顧客のコントロール欲求を予測して、パーソナル化とカスタム化の適切なバランスを提供できる。

製品選びだけでなく総合的な顧客体験も、企業と顧客の共創プロセスであるべきだ。同じ製品またはサービスと接するとき、どの顧客もそれぞれ独自の体験を望むだろう。製品やタッチポイントを分解し、モジュラー化すれば、顧客は自らが望む顧客体験の構成要素を選ぶことができる。それは事実上、体験の共創であり、それによって顧客側の当事者意識が高まるはずである。

テクノロジーはソーシャルになれる

ソーシャル・メディアは、企業に対する顧客の態度や期待を変化させてきた。ほとんどの顧客が、自分のソーシャル・ネットワークは広告や専門家の意見より信頼できると思っている。購買決定は、今では個人の選好だけでなく社会的同調欲求によっても促進される。ソーシャル・メディアは期待を高める働きもする。顧客はソーシャル・カスタマーケア〈ソーシャル・メディアを介した顧客支援〉を利用できることを求め、瞬時の応答を要求する。人間は社会的存在だが、ソーシャル・メディアは人間の社会的性向をもう一歩先に進めている。

マーケティング5・0では、企業は顧客対応業務やバックエンド業務にソーシャル・テクノロジーを導入することによって、顧客の要求に応える必要がある。ソーシャル・テクノロジーの現場におけるもっとも一般的な応用は、ソーシャル・カスタマーケアを目的とするもので、顧客インタラクションに向けての代替コミュニケーション・チャネルの提供である。社内での利用としては、従業員のコミュニケーションを促進し、ナレッジ・シェアリングを可能にし、協働を発展させるために、ソーシャル・ツールを導入するかもしれない。

社会的繋がりを推し進めるとき、テクノロジーはさらに望ましいものになる。ソーシャル・メディアのチャネルを設けることがスタートだが、そこで終わってはならない。AIを利用することで、企業は社会的繋がりのデータを掘り下げ、それらの意味を理解することができる。このディープラーニングによって、適切なメッセージを作成して、ソーシャル・ネットワーク上の人々の行動に影響を与えるにはどうすればよいかという知見が明らかになる。

人と人との繋がりを促進する

われわれ人間は、生まれた時は弱く、親や養護者に頼って基本的ニーズを満たす。幼年期になると徐々に、知的・感情的学習の初期の手法として、周囲の人々とコミュニケーションをとったり、交流したりするようになる。交流する際には、考えやストーリーを交換するだけでなく、相手と似通った表情をしたり、感情を抱いたりする。このように、人間の脳は人生の極めて早い時期に社会的になるようにつくられている。

技術の応用であるソーシャル・メディアが成功している理由は、人間が社会的存在であるからだ。われわれは他の人々の個人的経験を聴いたり、自分自身の経験を語ったりするのを好む。視覚的手がかりはないが、ソーシャル・メディアはわれわれの社会的ニーズを対面での会話以上に満たす代替プラットフォームを生み出している。

ビジネスにおけるテクノロジーの他の応用も、社会的繋がりを求める人間の欲求を利用するべきだ。テクノロジーは、たとえばブログやフォーラム〈ネット掲示板〉やウィキペディアを通じて、体験や情報の共有を促進するかもしれない。企業と顧客の間だけでなく、顧客同士の間でも会話が拡大されるべきである。クラウドソーシング・モデルは、テクノロジーがさまざまな能力やスキルを持つ人々をどのように結び付けて協働に繋げるかを示している。さらに、テクノロジーを活用するソーシャル・コマース〈ソーシャル・メディア上で消費者とブランドがコミュニケートし、その場で製品・サービスを販売するマーケティング手法〉は、デジタル・マーケットプレイスにおける買い手と売り手の取り引きを促進してくれる。

野心の追求を推進する

社会的存在であるわれわれ人間は、他の人々のライフストーリーを観察し、それを自分の生活に関連付ける。ソーシャル・ネットワーク内の友だちがわれわれの基準になる。われわれは取り残されることへの恐れ（FOMO）に突き動かされて、他の人々、とりわけワクワクするような生活を送っているように見える人々の行動やライフスタイルを真似ようとする。今日における個人の期待は、われわれにひっきりなしに影響を与え、より大きな目標を達成したいという意欲を起こさせる社会環境によって設定される。

テクノロジーは、ソーシャル・ネットワークに埋め込まれているこうした隠れた野心追求を利用するべきだ。AIを利用したコンテンツ・マーケティングやゲーミフィケーション〈人を楽しませ、熱中させるゲームの要素や考え方をゲーム以外の物事に応用すること〉やソーシャル・メディアは、仲間からの承認や社会的上昇を求める人間の生来の欲求を後押しするかもしれない。提案や推奨によって顧客を上から目線で手助けするのではなく、顧客が企業の言葉より聴く気になる既存のロールモデル――友人や家族やコミュニティ――を通じるなどして、AIの影響力はさりげなくするべきだ。

しかし、社会的影響を利用する際、企業は製品・サービスの販売を超えたことを行う必要がある。テクノロジーはデジタル・アクティビズムを、そして最終的には社会変革を促進する強力な行動修正ツールになるかもしれない。ソーシャル・ネットワークを通じて人々により責任あるライフスタイルを追求するよう働きかけ、励ますことは、人類に対するテクノロジーの大きな貢献になるかもしれない。

テクノロジーはエクスペリエンシャル〈顧客体験を強化する要素〉になれる

顧客は製品・サービスの質だけで企業を評価するわけではない。すべてのチャネルのすべてのタッチポイントを含む総合的なカスタマー・ジャーニーを評価するのである。そのため、イノベーションは製品だけでなく体験全体にも重点を置くべきだ。企業は製品の差別化を確立することに加えて、コミュニケーションを強化し、チャネルプレゼンスを高め、顧客サービスを向上させる必要がある。

デジタル化の拡大はオムニ・チャネルでの体験を求める声を増大させる。顧客は一つのチャネルから別のチャネルに——オンラインからオフラインに、またその逆に——絶えず移動し、断絶のないシームレスで一貫性のある体験を期待する。企業はハイテクとハイタッチを統合したインタラクションを提供しなければならない。

マーケティング5・0では、AIやブロックチェーンのようなバックエンド〈ユーザーから見えないところでデータの処理や保存などを実行する裏側の部分〉の技術が、シームレスな統合を進める上で重要な役割を果たす。一方、センサー、ロボティクス、音声コマンドなどのフロントエンド技術は、拡張現実（AR）や仮想現実（VR）とともに、カスタマー・ジャーニー全体にわたって対面タッチポイントを強化する可能性がある。

ハイテク・インタラクションに力を与える

マシンの弱点の一つは人との触れ合いを再現できないことだ。この課題に対処するために、高度なロボティクスやセンサーを組み込んだ人工皮膚の開発がすでに進められている。だが、それはリアルな感触を再現することだけでなく、単純な人との触れ合いから多様で複雑な感情を読み取ることも目的としている。

人間は触れるだけで相手の感情を読み取ることができる。マシュー・ハーテンステインによる研究で、人間は触れることで八つの異なる感情――怒り、恐怖、嫌悪、悲しみ、同情、感謝、愛、喜び――を、最高で七十八パーセントの正確さで他者に伝えられることが明らかになった。これらの主観的感情を、論理的で矛盾のない定量化可能なパターンに頼るだけのマシンに教えるのは極めて難しい。

したがって、製品・サービスの提供には、ハイテクとハイタッチのインタラクションのバランスをとることが必要かもしれない。それでも、テクノロジーはハイタッチを提供する上で重要な役割を果たすことができる。低価値の事務作業をマシンに任せれば、現場スタッフは顧客対応活動にもっと多くの時間を使えるようになるはずである。対面タッチポイントの効果は、AI支援の顧客プロファイリングによっても高めることができる。現場スタッフが自分のコミュニケーション方法を調整し、適切なソリューションをオファーするための手がかりが提供されるからだ。

絶え間ないエンゲージメントを提供する

人間は安定した幸福度を維持する傾向がある。ワクワクするような好ましい体験をしたときは、幸福度は一時的に高まるかもしれないが、やがてベースラインのレベルに戻る。同様に、やる気をそぐような嫌な体験をしたときは、幸福度は下がるかもしれないが、また元のレベルに戻る。心理学において、この現象はヘドニック・トレッドミル〈快楽適応〉――ブリックマンとキャンベルによって生み出された用語――と呼ばれている。人生における体験に対する満足度は、常に一定のベースラインに引き寄せられるのである。

顧客としてのわれわれがすぐに飽きてしまい、本当に満足することが決してないのは、これが理由である。われわれはカスタマー・ジャーニーの全行程で絶え間ないエンゲージメントを望む。そのため、企業は顧客が競合他社にスイッチするのを防ぐために、ときどき自社の顧客体験を改良したり刷新したりしなければならない。

新しい顧客体験を連続的に生み出すことは難しい。しかし、企業はデジタル化によって、顧客体験イノベーションにかかる時間を短縮することができる。デジタル空間では、迅速なテスト、コンセプト調査、プロトタイプの作成が容易に行えるからである。

しかしながら、デジタル技術を利用した顧客体験イノベーションは、ユーザー・インターフェースの設計を変えるというような単純な変更ではすまなくなっている。チャットボットから仮想現実や音声制御まで、エマージング・テクノロジーは企業が顧客とコミュニケーションをとる方法を一変させつつある。AI、IoT、ブロックチェーンなどの技術は、バックエンドの効率も高めており、より速い顧客体験イノベーションが可能になっている。

まとめ——テクノロジーをパーソナルに、ソーシャルに、そしてエクスペリエンシャルにする

デジタル・ディバイドは依然として存在している。インターネットの完全な普及が実現するには少なくともさらに十年はかかるだろう。さらに、アクセスできるようになるだけでは、デジタル・ディバイドを終わらせることはできない。フルデジタルの社会になるためには、われわれはオンラ

図 4-2／テクノロジー・コンパス——
テクノロジーをパーソナル、ソーシャル、エクスペリエンシャルにする

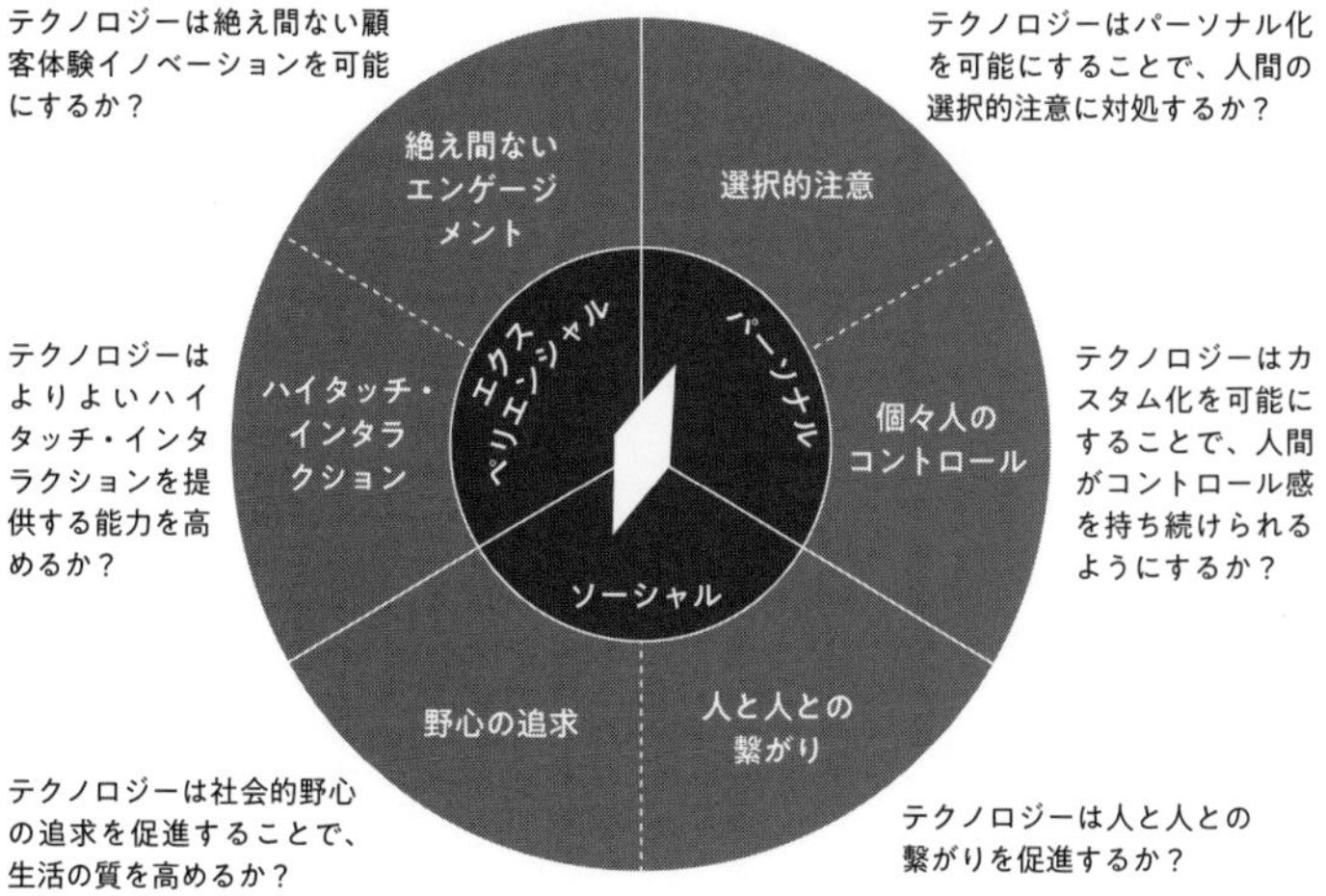

テクノロジーは絶え間ない顧客体験イノベーションを可能にするか？
テクノロジーはパーソナル化を可能にすることで、人間の選択的注意に対処するか？
絶え間ないエンゲージメント
選択的注意
エクスペリエンシャル
パーソナル
テクノロジーはよりよいハイタッチ・インタラクションを提供する能力を高めるか？
ハイタッチ・インタラクション
個々人のコントロール
テクノロジーはカスタム化を可能にすることで、人間がコントロール感を持ち続けられるようにするか？
ソーシャル
野心の追求
人と人との繋がり
テクノロジーは社会的野心の追求を促進することで、生活の質を高めるか？
テクノロジーは人と人との繋がりを促進するか？

イン通信やソーシャル・メディアだけでなく、生活のあらゆる面でテクノロジーを利用する必要がある。デジタル化によってもたらされる懸念や不安があるにもかかわらず、人類にとっての便益は明らかだ。

マーケティング5・0では、企業はテクノロジーの正しい利用は人間の幸福を高める可能性があることを、顧客に対して実証する必要がある。テクノロジーは顧客の問題を解決するためのパーソナライズされたアプローチを可能にし、さらにオプションによるカスタムも可能にする。デジタル化は社会的関係を消し去るわけではないということを、企業は顧客に確信させなければならない。社会的関係を破壊するどころか、デジタル化は顧客と顧客コミュニティの間により親密な繋がりを

築くプラットフォームを提供する。人間対マシンという二分法には終止符を打つ必要がある。優れた顧客体験を提供するためには、ハイテク・インタラクションとハイタッチ・インタラクションの統合が必要不可欠なのだ【図4-2】。

考えるべき問い

▼

- □テクノロジーについて自分は個人的にどのような見解を持っているか？　テクノロジーは自分の組織にどのように力を与えられるか、もしくはどのように混乱をもたらす恐れがあるかを考えよう。
- □自分の組織で現在実施されているテクノロジーは、自分が顧客にパーソナルで、ソーシャルで、エクスペリエンシャルなソリューションを提供することを可能にするかどうか評価してみよう。

第3部

テクノロジー支援マーケティングのための新戦略

NEW STRATEGIES FOR TECH-EMPOWERED MARKETING

第5章

デジタル化への準備度が高い組織

すべての組織に合う戦略はない

THE DIGITAL-READY ORGANIZATION

一九五〇年代に、ある科学者グループが日本の幸島《こうじま》のサルで実験を行った。科学者たちは砂浜に定期的にサツマイモを置いて、サルが食べられるようにした。ある日、イモという名の若いサルが、サツマイモは洗って食べたほうがおいしいことに気づいた。イモは親しい友だちや年長の家族にこの新しい食品衛生習慣を教え始めた。変化はゆっくり始まった。だが、大多数のサルがその習慣を採用したとき、残りのサルはそれを新しい規範として受け入れ始めた。この現象は百匹目のサル効果として知られている。行動変化が起こるために必要なクリティカルマス〈製品やサービスが市場に定着するかどうかの分かれ目となる普及率〉を、百匹目のサルと表現したわけだ。

同様に、デジタル変革についても、先頭に立つのは若い世代である。Y世代とZ世代を合わせると史上最大の消費市場になる。企業はこの二つの世代の選好に合わせて戦略を立てている。また、この二つの世代は労働力人口の中でももっとも人数が多く、企業に内側から影響を及ぼしている。したがって、彼らはデジタル技術を主流にすることに対して途方もなく大きな影響を与える。だが、デジタル・ライフスタイルが新しい規範になるためには、その変化が世代や社会経済的地位の違いを超えて大規模かつ均等に広がらなければならない。

デジタル化のプロセスは世界中でかなり急速に進展している。一方では、誰もがデジタル・ライフスタイルを採用しており、それなしで生活することなど想像できないように見える。それでも、慣性はまだ残っており、多くの顧客が依然として製品・サービスの従来の買い方、受け方に慣れている。同様に企業も、デジタル変革――マーケティング5・0の必要条件――に関しては、ぐずぐず先延ばしにしてきた。ところが、COVID－19のパンデミックがそれをすっかり変えて、デジタル化の必要性を人々に受け入れさせた。

ケーススタディ――デジタル化の加速要因、COVID－19

グローバル企業はCOVID－19の爆発的拡大によって打撃を受けている。ほとんどの企業がこのようなパンデミックには直面したことがなかったので、対応する準備ができていない。あらゆる企業が収益の減少やキャッシュフローの問題に苦しみながら、パンデミックで個人的に打撃を受けている従業員に対応してきた。企業は生き残り、さらには以前より強くなって復活するために、適切な緊急時対応策の決定にあたり混乱とジレンマの中に立たされた。

今回のパンデミック――及びそれがもたらしたソーシャル・ディスタンスを保つ必要性――は、企業にもっと迅速にデジタル化を進めるよう圧力をかけた。世界各地のロックダウンや移動制限の間、顧客は日々の活動を維持するために、オンライン・プラットフォームに大きく頼るようになっていた。この変化は危機の間だけでなくその後もずっと続くと思われる。

数カ月にわたりステイホームを強いられたので、顧客は実際、新しいデジタル・ライフスタイルに慣れた。彼らはｅコマース・アプリやフードデリバリー・アプリを使って、生活必需品を購入する。デジタル・バンキングやキャッシュレス決済が大幅に増加した。人々はズームやグーグルミートなどのビデオ会議プラットフォームを通じて、オンラインで他の人々と話をする。子どもたちはオンライン・プラットフォームを通じて家庭で学習し、その親たちは在宅で働いていた。人々は暇を潰すためにユーチューブやネットフリックスで以前より多くの動画を視聴した。また、健康が最重要になったので、パーソナルトレーナーやパーソナルドクターとリモートで繋がった【図5−1】。

企業が以前の状態に戻ることは決してないだろう。物理的なインタラクションに大きく依存していた産業は、戦略を見直さざるをえなくなった。外食産業は店内飲食の売上減少を補うためにフードデリバリーを強化することで、パンデミックに適応した。クラウドキッチンやゴーストキッチンに切り替えて、デリバリーの注文だけに対応したレストランもあった。旅行産業はロボット掃除機を使って部屋や列車の消毒を行った。インドのバンガロール空港など、一部の空港は、駐車場に車を駐めてから搭乗するまで物理的な接触が一切ない「パーキング・トゥ・ボーディング」と呼ばれる体験を導入した。

公共交通機関の利用者数が激減する中で、交通当局はマイクロトランジット・サービスを開始した。これはオンデマンド型のバスサービスで、乗客はモバイル・アプリを使って乗車したい旨を連絡す

図5-1／COVID-19の渦中でのデジタル化

ることができる。また、バスの現在地はもちろん、現在の乗車可能人数も追跡できる。物理的なツールを確保して、接触履歴を追跡できるようにすることは有益だ。自動車のメーカーやディーラーは、デジタル・インタラクションに対する需要の増大に対応するために、オンライン販売プラットフォームに多額の投資を行った。とくに指摘しておきたいのは、さまざまな産業のあらゆるブランドが、ソーシャル・メディアを通じて顧客との関係強化を狙い、デジタルのコンテンツ・マーケティングの技量を上げたことだ。

自社のサステナビリティがデジタル化にかかっていたとき、もはや企業はデジタル化を先延ばしすることはできなかった。特定の市場セグメントや業界プレーヤーにおけるデジタル化の準備度――というより準備不足度――が危機によって明らかにされた。デジタル・イミグラント〈デジタル・ネイティブとは異なり、人生の途中でITが生活に取り入れられた世代〉やラガード〈新製品や新サービスが広く普及し

図 **5-2**／ さまざまな顧客セグメントや業界プレーヤーに対するCOVID-19の影響

	深刻な打撃	軽い打撃
顧客セグメント	▪ デジタル・イミグラントでテクノロジー・ラガードの年配世代 ▪ インターネットへのアクセスが限られている低所得コミュニティ	▪ デジタル・ネイティブでテクノロジーに精通している若い世代 ▪ インターネットにアクセスしやすい富裕なセグメント
業界プレーヤー	▪ 対面での顧客対応がおもな業務になっている企業 ▪ 労働集約型の産業	▪ 業務が高度にデジタル化されている企業 ▪ 組織がスリム化されている産業

た後、最後に受け入れる人〉として知られる特定のデモグラフィック属性を持つ人々は、人との距離をとる必要性によって対面営業の習慣が大きく変化し、もっとも大きな打撃を受けるセグメントになる。それに対し、デジタル・ネイティブは、同じ状況を乗り越えられると思われる。

また、パンデミックは、どの企業もその影響を免れないとはいえ、一部の産業に深刻な問題を生じさせるように思われる。より直接的な物理的インタラクションが必要な労働集約型の部門は、より大きな打撃を受けるだろう。それに対し、ビジネスプロセスのデジタル化が進んでいて、組織がスリム化されている企業は、はるかに良好な状況にあると思われる【図5-2】。

デジタル化への準備度評価

準備度の差が、取るべきデジタル化戦略を決定する。したがって、準備度を評価するための診断ツールを確立することが不可欠だ。評価は供給サイドと需要サイドの両方を考慮に入れなければならない。最初のステップは、市場——需要サイド——がよりデジタルなタッチポイントに移行する準備ができていて、その意思があるかどうかを判定することである。次のステップは——供給サイドから——ビジネスプロセスをデジタル化して、マイグレーション〈既存のデータやシステムを対象に、次世代のプラットフォームやシステムへの移行を行うこと〉を活用する自社の能力を評価することである。この二点を検討することで、デジタル化への準備度を示す四象限《しょうげん》マトリクスに自社のポジションをマッピングできる。

マトリクスの四つのカテゴリーを説明するために、六つの産業部門のデジタル化への準備度を評価してみよう。ハイテク、金融サービス、食品小売、自動車、ホスピタリティ、ヘルスケアである。各産業部門のポジションはアメリカにおける現在の状況に基づいており、市場が進化する中でもちろん変わる可能性がある。顧客の準備度は、アメリカ以外の市場では異なるかもしれない。各産業部門のプレーヤーの準備度も、プレーヤーによってまちまちかもしれない【図5-3】。

図 5-3／ 産業別のデジタル化への準備度

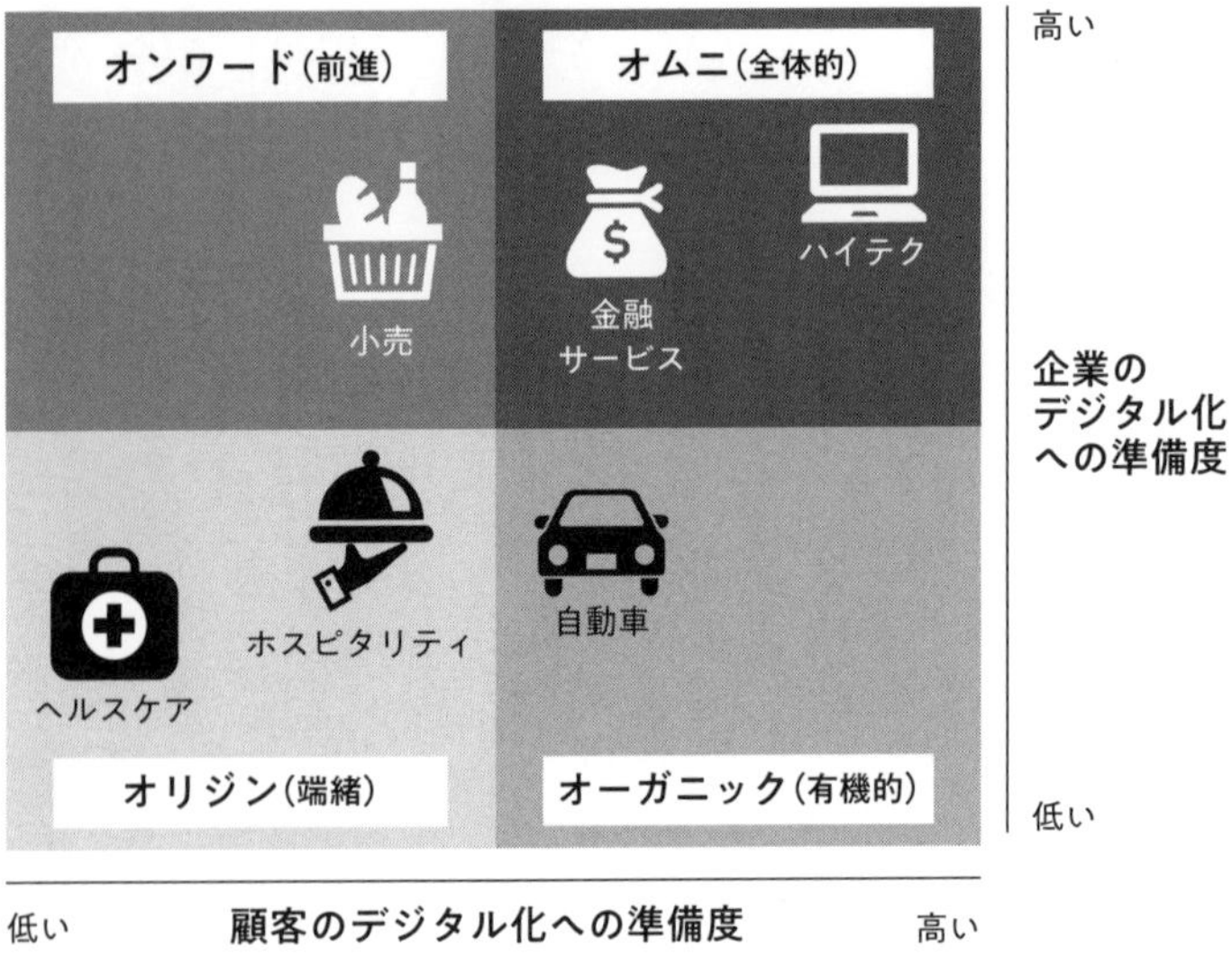

1. 「オリジン」象限

この象限にはパンデミックでもっとも深刻な打撃を受けている産業が入る。これらの産業の企業は、この危機に立ち向かう準備があまりできていないだろう。それは主として、ビジネスプロセスに廃止や置換が難しい物理的インタラクションがかなり含まれているからだ。また、これらの企業が顧客をデジタル・タッチポイントに移行させることも考えにくい。これらの企業の製品・サービスは、危機の間に購入するほど緊急性が高いものではないからだ。この象限の例は、人と人のインタラクションに大きく依存しているホスピタリティ産業とヘルスケア産業である。これらの産業のプレーヤーにとって、デジタル化に投資するのが先か、それとも顧客がデジタル行動に移行するのを待つべきかは、「鶏が先か卵が先か」のような堂々巡りの問題だといえる。

ホスピタリティ産業は、デジタル化によって長年混乱させられてきた。旅行のレビューサイトやオンライン予約プラットフォームは、サービスの質や価格設定に透明化をもたらしてきた。エアビーアンドビーのようなオンライン宿泊マーケットプレイスも、大規模ホテルチェーンに圧力をかけてきた。だが、デジタル化が生じるのは、主としてカスタマー・ジャーニーの始まりと終わりの部分だ。顧客は旅行の計画を立てたり、予約を入れたりするために、また、目的地についてレビューを書いたり推奨したりするためにデジタルツールを使う。しかし、カスタマー・ジャーニーの中間部分は、ほとんど非デジタルのままである。

それに、デジタル化はたいてい表面レベルに留まっていて、ホスピタリティ産業を一変させるレベルにはまだ達していない。使われている技術は基本的なものだけで、主としてデジタル広告、コンテンツ・マーケティング、電子予約のためにインターネットを利用している。少数のプレーヤーは、ロボティクスやモノのインターネット（ＩｏＴ）などの先進技術を使う散発的な試みを行ってきたが、顧客の反応はあまりはかばかしくない。

ヘルスケア産業のデジタル化への準備度もやや似通っている。人工知能（ＡＩ）には医療を一変させる力があり、初期段階での証拠は有望だ。こうした潜在力にもかかわらず、医療の提供はまだ対面のインタラクションを伴う極めて伝統的なやり方で行われている。COVID－19の爆発的拡大の前、遠隔医療は医療提供機関にとっても患者にとっても事実上、選択肢にはなかった。遠隔医療というトレンドが伸び続けるかどうかは、パンデミックの収束後も疑問のままだろう。規制の障壁を別にしても、医療提供機関はインフラとデジタル化への準備度の高い医療専門家を提供するのに四苦八苦している。それに、保険会社が遠隔医療に従来の医療と同じ金額を支払う意思があるとは思えない。

2.「オンワード」象限

次の象限はビジネスプロセスの大幅なデジタル化に投資してきたにもかかわらず、顧客を移行させるのに苦労している産業や企業で構成される。この象限の産業部門はデジタル・エコシステムを構築しており、しばらく前から顧客にインセンティブを与えてデジタル化への移行を促してきた。しかし、ほとんどの顧客はまだ慣性にとらわれており、デジタル採用者は限られている。

一例が小売産業である。デジタル・ネイティブのアマゾンは、長年eコマースのシーンを支配してきた。ホールフーズを買収して、自社の食品小売事業強化まで行った。その一方で、店舗型の小売企業も、やがて来る崩壊を見越して今回のパンデミックのずいぶん前からデジタル化を開始していた。小売大手のウォルマートは、eコマースのためのウォルマート・ドット・コムを立ち上げるとともに、マーケットプレイス事業を拡大するためにショピファイと提携した。こうした動きのおかげで、アマゾンとウォルマートはオムニ・チャネル体験の提供で大接戦を演じることができている。

サポートインフラも成長しており、eコマースの拡大を可能にしている。一部の大手小売企業は自前のロジスティクス能力を構築しているが、DHLのような企業はeコマースの業務実施ネットワークに投資している。ソーシャル・メディアも、ソーシャル・セリング〈ソーシャル・メディアを使って見込み客を発見し、関係を構築して、販売に繋げる営業手法〉のプラットフォームを提供することによって、オンライン・ショッピングの分野に進出している。たとえばターゲットは、インスタグラムを通じて製品を販売する初の大手小売企業になっている。

エコシステムが確立されているにもかかわらず、アメリカ国勢調査局の報告によると、二〇二〇年第一・四半期にはeコマースは小売取引総額の十二パーセント弱しか占めていなかった。ピュー・リサーチ・センターの調査でも、アメリカ人の八十パーセントがオンラインで買い物をしているが、ほとんどの人はまだ店舗での購入を好んでいることが明らかになっている。しかし、今回のパンデミックは、大部分の買い物客がよりデジタルなカスタマー・ジャーニーに移行するニューノーマルを生み出す可能性がある。小売業界のプレーヤーたちは、トレンドをしっかりモニターして、このパンデミックがオンライン小売業にとって十分に大きな促進剤になるかどうか見きわめる必要がある。

3.「オーガニック」象限

この象限は物理的タッチポイントに大きく依存して製品・サービスを提供する産業に当てはまる。これらの産業はたいていの場合、労働集約型でもあり、したがって従業員を遠隔管理するのが難しい。その一方で、顧客のほとんどはデジタルに移行する準備ができている。顧客がおもな促進要因になって、企業にデジタル技術を導入させるだろう。

自動車産業はこの象限に入る部門の一つだ。車を買う人のほとんどが、すでにウェブルーミングを行っている。すなわち、オンラインで情報を調べ、最終的にディーラーで買うのである。グーグルとコムスコアの調査によると、自動車の買い手の九十五パーセント以上がおもな情報源としてデジタルを使っているが、購入の九十五パーセント以上が依然としてディーラーの店舗で発生している。

だが、パンデミックがオンラインでの自動車購入を加速させた。カーバナ、ブルームなど、いくつかの自動車売買プラットフォームは、買い手が非接触のインタラクションを好むので、オンラインでの自動車購入が急増していると報告している。ホスピタリティ部門やヘルスケア部門とは異なり、自動車の購入では、潜在的買い手が十分な調査を行いさえすれば、物理的接触は不要で、さほど重要ではない。

そのうえ、電気自動車（EV）、自動運転車（AV）、車両間接続性といったトレンドが姿を現しつつあり、自動車はますますハイテク製品になっている。自動車の使用体験がますますハイテクになる中で、購入プロセスは、カスタマー・ジャーニーの中でまだ従来型のままになっている唯一の重要なステップである。

自動車メーカーや自動車ディーラーは、まだデジタル能力を構築し始めたばかりだ。オンライン自動車売買プラットフォームは別として、ほとんどの自動車メーカーや自動車ディーラーは、オンライン上であまり存在感を示していない。自動車産業のデジタル化に関して、顧客はオンライン試乗予約やオンライン購入のためのeコマース・プラットフォームだけでなく、他のデジタル販売ツールやデジタル・マーケティングツールも導入されることを期待している。たとえば、仮想現実（VR）が導入されれば、潜在的買い手は車のオプションを視覚的に比較検討できる。さらに重要な点として、接続された車両データを活用することで、AIは予測車両メインテナンスや予防安全監視などの追加機能を提供できるようになる。

4．「オムニ」象限

企業が最終的には到達したいと思う象限である。他の象限の企業は、オムニ企業になるために、顧客を移行させたり、能力を構築したりする努力が求められる。オムニ象限に入るのは、ハイテク産業や金融サービス産業など、COVID－19危機で比較的軽い打撃しか受けていない産業だ。ハイテク企業は当然ながら、ソーシャル・ディスタンスの確保やステイホーム生活に対して、もっとも準備ができている。これらの企業は自社のDNAの大部分を構成するデジタル化によって従来型の産業の破壊をめざしてきたのであり、パンデミックは大きな後押しになった。アマゾン、マイクロソフト、ネットフリックス、ズーム、セールスフォースのような企業は、すべて高成長を実現してきた。

顧客が銀行に出向くのを避けているため、デジタル金融サービスも成長し、キャッシュレス決済が当たり前になっている。だが、銀行はパンデミックのずっと前から、あらゆる種類のインセンティブを使って顧客をデジタル・チャネルに移行させてきた。今日では、すべての大手銀行がオンラインやモバイルでのバンキングサービスを提供している。

銀行業では、顧客のチャネル選択は完全に利便性に基づいている。銀行の店舗に行くことを選ぶ顧客は、実店舗で得られる触れあい体験を求めているわけではない。店舗に行くほうが便利だから、そうするのだ。だから、デジタル・バンキングが幅広い顧客にとって利便性を再現することができれば、電子チャネルはもっとも好まれるチャネルになるだろう。

しかし、金融サービス産業のデジタル化はもっと先に進んでいる。コールセンターの仕事量を減らすためにチャットボットを、取り引きの安全性を高めるためにブロックチェーンを、さらに不正を検知するためにＡＩを利用することを模索してきた。ハイテク産業とメディア産業を別にすれば、金融サービス産業は、もっともデジタル化された産業の一つになっている。

どの程度デジタル化の準備ができているか

四つの象限は、特定の産業がどの程度デジタル化の準備ができているかという概観を示している。だが、同じ産業部門の中でも企業によって準備度が異なり、したがって、どの企業も同業他社とは異なる象限に入る可能性がある。それぞれの企業は、自社のデジタル化する能力と自社の顧客のデジタル・チャネルに移行したいという欲求に基づいて自己評価を行うとよい。各評価項目の基準に当てはまる企業は、デジタル化の準備ができている【図5－4】。

図5-4／デジタル化への準備度評価

企業のデジタル化への準備度

デジタルな顧客体験	
1	企業はカスタマー・ジャーニーの全行程で、おおむねデジタルな手法で顧客と関わり合うことができる
2	すべてのデジタル・タッチポイントがシームレスで摩擦のない顧客体験に統合できる
3	企業はデジタル・ビジネスモデルによって価値を生み出し、収益を得ることができる
デジタル・インフラ	
1	大量の顧客データをリアルタイムで捕捉、保存、管理、分析するテクノロジーが利用できる
2	ビジネスプロセスは、新しいデジタル・ビジネスモデルに適合するようにデジタル化され、リエンジニアリングされている
3	建物、車両、IoT接続機器などの物理的資産のデジタル化が実施されている
デジタルな組織	
1	ほとんどの従業員がリモートワークを行ったり、仮想空間で他者と協働したりするために、デジタルツールでエンパワーされている
2	データ科学者、UX〈ユーザー体験〉デザイナー、ITアーキテクトなどのデジタル人材を強化することが、重要な優先課題とされている
3	強力なデジタル文化があり、そのおかげで営業管理者とデジタル人材がスムーズに連携できる

顧客のデジタル化への準備度

デジタル顧客基盤	
1	顧客基盤の大多数がデジタルに精通しているY世代とZ世代である
2	ほとんどの顧客がすでにデジタル・プラットフォームを通じて会社と関わり、取り引きしている
3	製品・サービスを消費または使用するとき、顧客はデジタル・インターフェースで接する必要がある
デジタル・カスタマー・ジャーニー	
1	カスタマー・ジャーニーは、すでに全部または一部がオンラインで行われている（ウェブルーミングやショールーミング）
2	顧客がイライラする物理的タッチポイントは、デジタル・テクノロジーによって置き換えられ、強化できる
3	顧客が独力で十分な情報に基づいた決定を下せるよう、大量の情報がインターネットで入手できる
顧客のデジタル化傾向	
1	顧客は会社との物理的インタラクションを不必要、無意味、無価値とみなしている
2	製品・サービスがあまり複雑ではないとみなされており、したがってリスクや信頼の問題が少ない
3	ほとんどの顧客にとって、選択肢の増加、価格の低下、品質の向上、利便性の向上など、デジタル化を促す誘因のほうが多い

顧客をデジタル・チャネルに移行させるための戦略

オリジンとオンワードに入る企業は、顧客をデジタル・チャネルに移行させる必要がある。これらの企業の顧客はまだ物理的インタラクションに価値を見出しており、したがってデジタルに移行する意欲が低い。移行戦略では、オンライン顧客体験を通じてより高い価値を提供しながら、デジタルへの移行を促すインセンティブを与えるべきだ。

1．デジタル化を促すインセンティブを与える

デジタル・インタラクションを促進するためには、企業はデジタル化のメリットがはっきり見えるようにしなければならない。デジタルへの移行を促す正のインセンティブや負のインセンティブを提供するのも一案だろう。正のインセンティブは、デジタル・プラットフォーム上でのキャッシュバック、割引、消費者プロモーションなど、即時の満足という形をとるかもしれない。負のインセンティブは、インタラクション中にオフライン・メソッドを選んだら追加料金を課すという形を

とるかもしれないし、極端な場合はオフライン・モードを利用できないようにすることもできる。

金銭的インセンティブ以外に、企業は顧客に自社のデジタル能力や、デジタル化によってビジネスの仕方をどのように改善するつもりかを知らせることもできる。

2. フラストレーション・ポイントにデジタルで対処する

企業はカスタマー・ジャーニー中の顧客のフラストレーション・ポイントを特定し、デジタル化でそれに対処する必要がある。物理的インタラクションには、とりわけその効率の悪さに関して、特有の弱点がある。フラストレーションの大きな原因になるのが、オフライン・タッチポイントにおける長い待ち時間や行列だ。複雑なプロセスも、往々にして混乱や顧客の時間の浪費に繋がる。迅速で簡単な解決策を望む顧客にとって、デジタルはプロセスの一部を引き受けることができる。

そのうえ、人間のインタラクションにはサービスの失敗という高いリスクがある。無能なスタッフ、統一されていない応答、不十分なホスピタリティは、不満の大きな原因になる。とりわけ事業が拡大する中で現場の問題がより明白になっているときは、代わりにデジタル・チャネルを利用できるようにすることで、行動変化が促進されるかもしれない。

3．望ましい物理的インタラクションをデジタルで構築し直す

人対人のインタラクションが価値を生み出し、依然として望ましい場合でも、企業はデジタルによるコミュニケーションを活用することができる。顧客はビデオ・プラットフォームを通じて現場スタッフと繋がり、現場スタッフはどこからでも対応することができる。たとえば、金融サービスのビデオバンキングや遠隔医療のバーチャル診療が挙げられる。このアプローチは、人間のタッチポイントの利点を維持しつつ、コストを削減する。

より高度なアプローチは、現場スタッフに代わって基本的な質問や相談に対応できるチャットボットを使うことだ。音声技術を利用したバーチャル店員は、今では簡単な質問に答えたり、命令を実行したりすることができる。限界はあるものの、自然言語処理（ＮＬＰ）技術は自然な会話を可能にしている。

デジタル能力を構築するための戦略

「オリジン」象限や「オーガニック」象限に入る企業にとって、課題はデジタル化した顧客のニーズ

に対応する能力を築くことである。これらの企業は、デジタル顧客体験を提供するための基盤になるデジタル・インフラ――ハードウェアとソフトウェアとITシステム――に投資する必要がある。最終的には、デジタルの専門知識やスキル、それにアジャイルな文化を含む組織の能力を構築しなければならない。

1．デジタル・インフラに投資する

企業は顧客データ・インフラを構築することによって、デジタル投資を始める必要がある。デジタル化は、ワン・トゥ・ワンのパーソナル化や予測マーケティングなど、多くの新しい戦術を使用可能にする。だが、これらの戦術の基盤になるのは、迅速かつ動的な顧客理解である。したがって、企業はビッグデータをリアルタイムで管理、分析するテクノロジーを使う必要がある。

企業は自社のビジネスプロセスの変革も行わなければならない。デジタル化は現行の業務を自動化するだけで終わりではない。企業は往々にして事業全体を新しいデジタルの現実に適合するように構築し直す必要がある。そのうえ、デジタル・イミグラントの企業は、デジタル化する必要がある物理的資産を大量に蓄積している。IoTによってそれらの資産をデジタルに繋ぐことで、資産の価値が上がる可能性がある。企業はスマートビルやスマート車両を活用して、本物のオムニ・チ

ャネル体験を提供することができる。

2. デジタル顧客体験を開発する

パンデミック後の時代には、デジタル顧客体験を構築できる企業が成功するだろう。デジタル化は基本的な顧客エンゲージメントのレベルで終わってはならず、マーケティングから販売、流通、製品の配送、修理まで、顧客接点全体のあらゆるものを含んでいなければならない。そして、それらすべてのデジタル・タッチポイントが、一貫性のある顧客体験に統合されるべきである。

だが、もっとも重要な点として、これらの企業は価値を創出する方法、つまり、顧客体験からどのようにして収益を生み出すかを再考する必要がある。デジタルビジネスにはまったく別の経済理論がある。企業は、「エブリシング・アズ・ア・サービス」〈情報処理に必要なハードウェアやソフトウェアなどのシステム資源をインターネット経由でサービスとして提供すること〉のサブスクリプション、電子マーケットプレイス、オンデマンド・モデルなど、新しいビジネスモデルを検討しなければならない。

3. 強力なデジタル組織を確立する

デジタル変革の成功を決定づけるもっとも重要な要因は、おそらく組織だろう。従業員は、遠隔で働いたりバーチャル空間で他者と協働したりするためのデジタルツールを装備されなければならない。変革を進めている途中の従来型企業では、これらの新しいデジタルツールを既存のＩＴシステムと統合する必要がある。

組織の学習プロセスを加速するために、企業はデータ科学者、ＵＸデザイナー、ＩＴアーキテクトなどの新しいデジタル人材をリクルートしなければならない。また、文化にも力を入れるとよいだろう。文化はデジタル変革を阻むおもな障害であることが多いからだ。企業が構築する必要があるのは、迅速なテストに加えて事業マネジャーとデジタル人材との協働も継続的に行われるアジャイルな文化である。

デジタルリーダーシップを強化するための戦略

顧客の期待の高まりを前にして、「オムニ」象限の企業は現状に留まっていてはならない。他社が追い上げてくる中で、これらの企業は基準を引き上げなければならないという圧力にさらされている。デジタル顧客――Y世代とZ世代――はもう基本的なテクノロジーでは満足しなくなっている。企業は顧客体験（新しいCX）に先進技術（ネクスト・テクノロジー）を導入しなければならないのだ。

1. ネクスト・テクノロジーを導入する

「オムニ」象限にいる企業にとって、ソーシャル・メディアやeコマース・プラットフォーム上でのコンテンツ・マーケティングは、それなしでは競争できない衛生要因とみなされている。自社の競争力を高めようとするならば、企業はまだ主流になっていない、より先進的な技術を導入する必要がある。マーケティング活動を強化するために、AIの利用を検討しなければならない。たとえば、自然言語処理技術を利用して、チャットボットや音声アシスタントの機能を強化することが考えられる。

AI、生体認証、センサー、それにIoTを組み合わせて使うことで、個々人に合わせてパーソナライズされているだけでなくインタラクション時の状況にもピッタリ合い、しかもデジタルによって強化された物理的タッチポイントを提供することができる。拡張現実（AR）や仮想現実（VR）の利用は、マーケティング・キャンペーンや製品探索をより豊かにすることができる。これらの技術はゲームチェンジャーになりうるものであり、他に先駆けて利用することはデジタルリーダーの責任だ（ネクスト・テクノロジーに関するより詳しい論述は、第6章を参照）。

2. 新しいCXを提供する

摩擦のないジャーニーはあらゆる顧客にとっての夢である。オフラインからオンラインに、あるいはその逆に移動するのは、かつてはとても大変だった。タッチポイントは互いの繋がりがまったくなく、それぞれバラバラに活動していたからだ。顧客は即座に認識してもらうことはできず、別のチャネルに移るたびに名乗らなければならなかった。デジタル化によって、摩擦のない顧客体験――この体験では全体の価値が部分の総和より大きい――をついに現実にすることができる。これが新しいCXである。

企業は新しいCXを三つの異なるレベルで――すなわち情報提供レベル、やり取りレベル、没入レベルで――提供することに、焦点を合わせなければならない。顧客が答えを求めるとき、会話を望むとき、感覚的体験に浸りたいと思うときは、いつでもそれを提供する用意ができていなければならない（新しいCXについては、第7章で詳しく論述する）。

3. デジタルファースト・ブランドというポジションを強化する

デジタルファースト・ブランドであるとは、他の顧客に対応する前に、デジタル顧客のニーズに対応するためにすべての資源を投入するということである。それはハイテク企業であるとか、最高のITインフラを持っているということではない。あらゆるデジタルなことを核にした総合的なビジョンと戦略を持っているということだ。CXの設計は、物理的世界とデジタル世界を繋ぐことを軸として行われ、デジタル資産の構築が最優先課題になる。開発が進められるのは、まずデジタル製品からである。また、もっとも重要な点として、組織のあらゆる人、あらゆるプロセスで、デジタル化の準備ができている【図5-5】。

COVID-19は、顧客が真のデジタルファースト・ブランドと、そうなりたがっているブランドとを区別する後押しをしてきた。パンデミックの突然の衝撃は、企業に不意打ちを食らわせてきた。だが、デジタルファースト・ブランドは、追加の努力をしなくても、危機の間も好調を維持している。

図 5-5／ デジタル化戦略

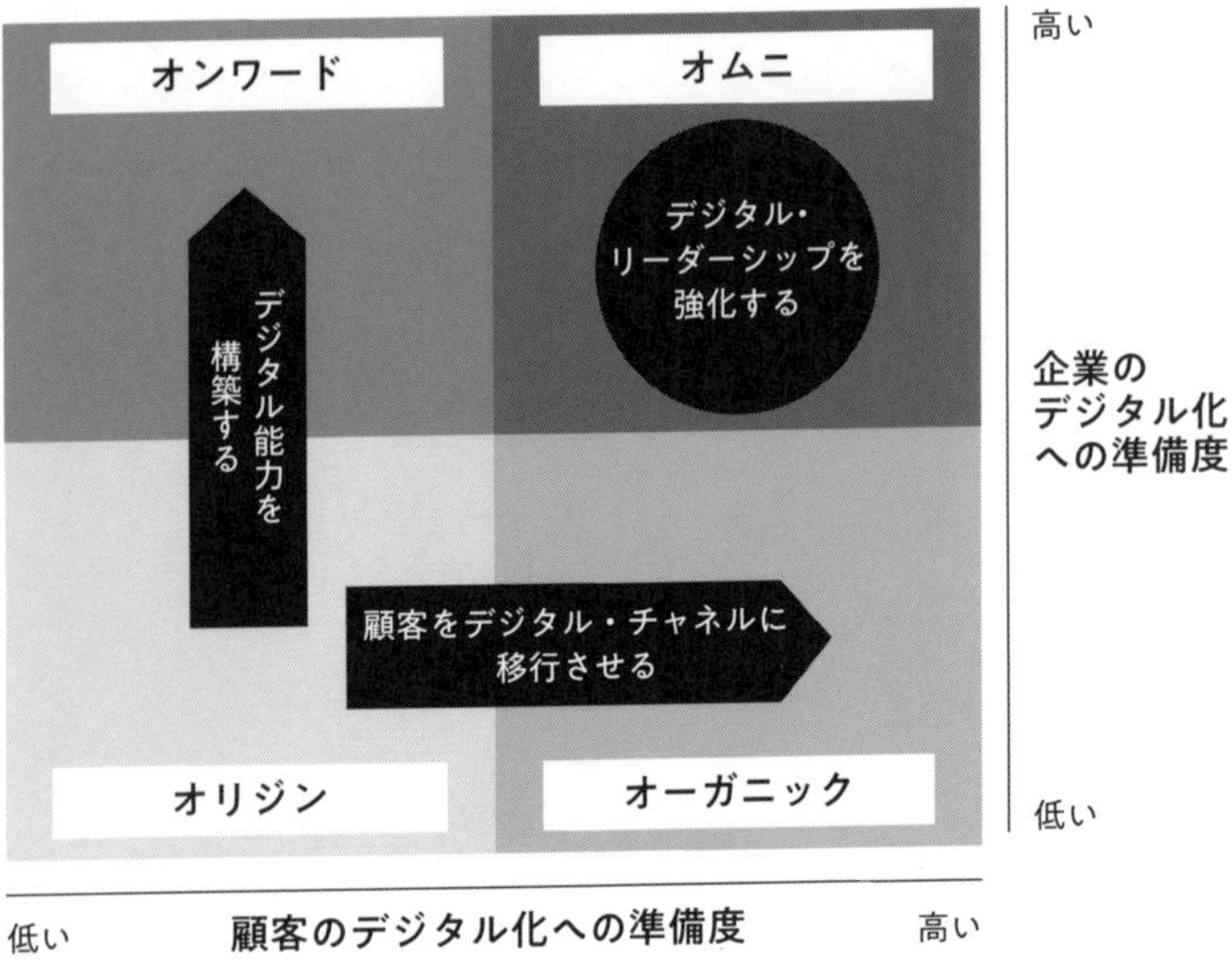

オンワード
オムニ
デジタル能力を構築する
デジタル・
リーダーシップを
強化する
顧客をデジタル・チャネルに
移行させる
オリジン
オーガニック
高い
企業の
デジタル化
への準備度
低い
低い
顧客のデジタル化への準備度
高い

まとめ――すべての企業に使える戦略はない

ＣＯＶＩＤ－19の世界的パンデミックは、思いがけないことに世界中でデジタル化の加速要因になってきた。企業も市場も同様に、移動制限に適応することを強いられ、そのためデジタルに大きく依存するようになった。パンデミックは企業にとって、デジタル化の努力をこれ以上先延ばしするべきではないという警鐘になった。デジタル化の準備ができている企業は、デジタル・ネイティブが世界中の市場で優勢になる中で次に来るものに対して備えができている。

だが、デジタル化に関しては、「一つの戦略がすべての企業に合う」というものではない。個々の産業部門によって、また個々の業界プレーヤーによって、デジタル成熟度は異なっている。最初のステップでは、自社が競争している市場の顧客基盤について、デジタル化への準備度を評価する。次のステップでは、自社のデジタル能力を評価する。準備度評価の結果によって、企業はそれぞれ異なる戦略を作成、実行する必要があるだろう。そうした戦略には、顧客を移行させる戦略やデジタル変革を実行する戦略が含まれる可能性がある。

考えるべき問い

▼

□自社のデジタル化への準備度と、自社の顧客のデジタル化への準備度を評価しよう。自社はどの程度デジタル化の準備ができているか？

□どうすれば自社のデジタル化への準備度を高められるかを考え、変革の実行計画を作成しよう。

第6章

ネクスト・テクノロジー

人間のようなテクノロジーが離陸する時だ

THE NEXT TECH

第二次世界大戦中、ドイツは「エニグマ」というマシンを大々的に使って軍事通信を暗号化した。イギリスをはじめとする連合国は、暗号化されたコードを傍受《ぼうじゅ》、解読することによって、ドイツ軍の動きを予測することができた。科学者グループは、戦争による死傷者が増えるのを防ぐために、「ボンベ」という名のマシンを作製して、時間と競争しながら軍事コードを解読しようとした。ボンベを「教育」する試みを何度か行ったのち、科学者たちはついに成功した。これらの科学者の一人が数学者のアラン・チューリングで、チューリングは人工知能（ＡＩ）の分野における先駆的思想家の一人として広く知られている。チューリングの個人的な目標は、経験から学習できるマシンを生み出すことだった。これが機械学習への道を開いたのだ。

初期のＡＩが第二次世界大戦での連合軍の勝利に貢献したように、テクノロジーは企業に力を与え、企業がかつては不可能だったことを行えるようにするだろう。ネクスト・テクノロジー――次の十年に主流になる技術――は、マーケティング５・０の基盤になる。ネクスト・テクノロジーは企業を過去のビジネスの限界から解放し、ヒューマンエラーを発生させやすい退屈な反復作業を自動化する。通信技術の助けによって、企業は地理的障害を乗り越えることができる。ブロックチェーンの利用は、金融サービス産業など、データの慎重な扱いが求められる産業でセキュリティを向上させ、ロボティクスやモノのインターネット（ＩｏＴ）の利用は高リスク環境における人的資源の必要性を低下させる。

だが、もっとも重要な点は、ネクスト・テクノロジーが人間中心のマーケティング・アプローチを可能にすることだ。拡張された仮想現実（VR）、すなわち複合現実（MR）は、たとえば不動産部門で、企業がオファリングを視覚化して顧客に見せることを可能にする。センサーやAIは、顔認識機能搭載の広告掲示板などで、コンテンツのパーソナル化を可能にする。

利用可能になったネクスト・テクノロジー

ネクスト・テクノロジーの多くが、半世紀以上前に発明されたものであることに留意してほしい。たとえば、AIや自然言語処理（NLP）やプログラマブル・ロボティクスは、すべて一九五〇年代から存在していた。顔認識に関する最初の研究は一九六〇年代に始まった。だが、これらの技術はなぜ、近年ようやく台頭してきたのだろうか。答えはイネーブリング・テクノロジーにある。これまで、イネーブリング・テクノロジーが今日ほど強力ではなかったのだ。コンピューターは今日のものほど強力ではなかったし、データ記憶装置はかさばっていて高価だった。ネクスト・テクノロジーの台頭は、コンピューターの処理能力、オープンソース・ソフトウェア、インターネット、クラウドコンピューティング、モバイル機器、ビッグデータという六つのイネーブラーの成熟によよ

図 6-1／ネクスト・テクノロジーの六つのイネーブラー

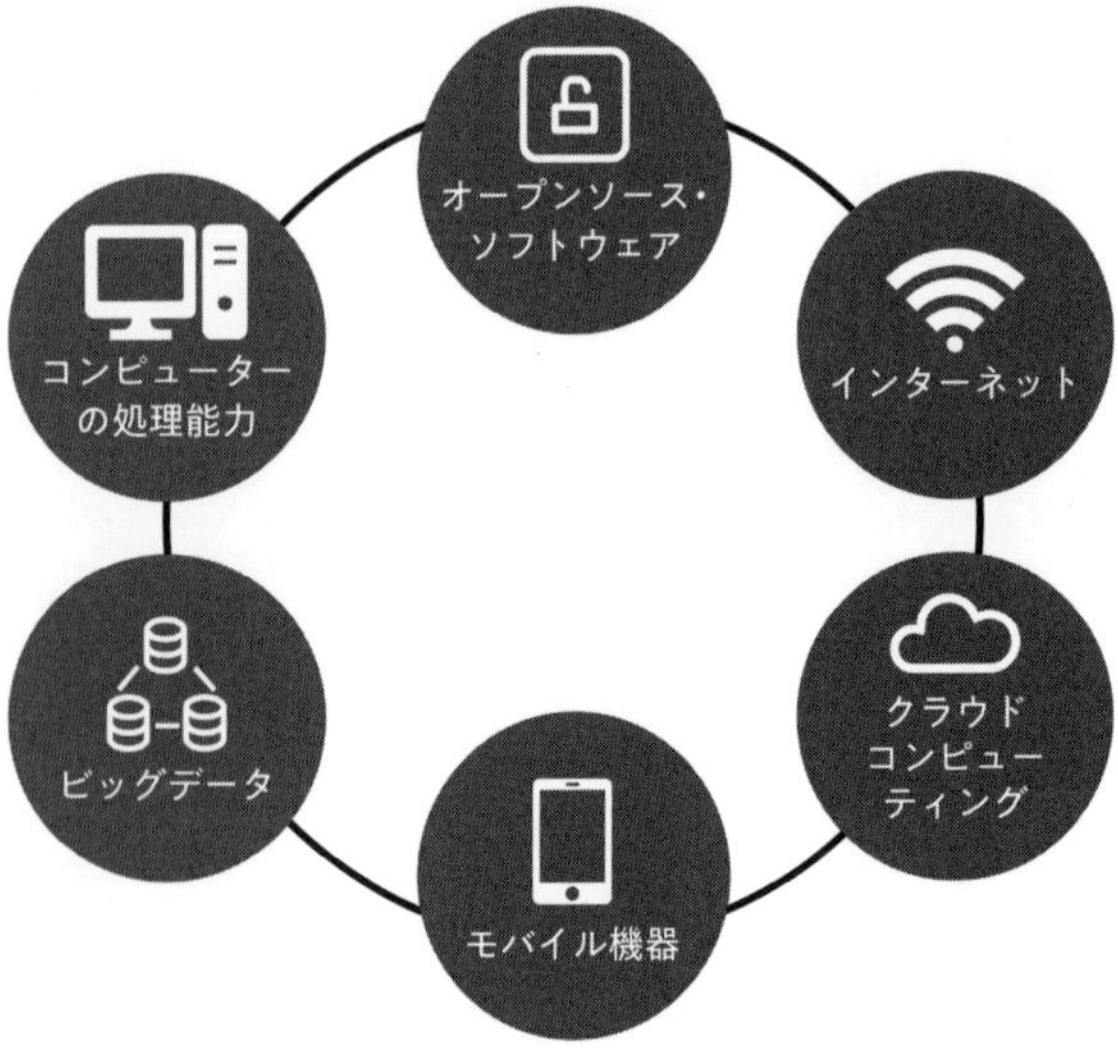

って可能になったのだ【図6—1】。

コンピューターの処理能力

テクノロジーは高度になるにつれて、より強力で、しかもコスト効率のよいハードウェアを要求する。**コンピューターの処理能力**、とりわけ高効率のＧＰＵ〈画像処理装置〉の飛躍的な向上によって、人工知能など、莫大な処理能力を必要とする技術を操作できるようになった。半導体技術の進歩と半導体チップのサイズの縮小は、処理能力の向上とエネルギー消費量の減少を意味している。これによって小型でローカルなＡＩマシンを実現でき、自動運転車やロボットなど、リアルタイムの反応が必要なアプリケーションを動かせるようになった。

オープンソース・ソフトウェア

強力なハードウェアを動かすためには、同様に強力なソフトウェアシステムが求められる。AIのためのソフトウェアを構築するには、通常何年もの開発期間が必要だ。ここで、**オープンソース・ソフトウェア**が開発プロセスを加速する上で重要な役割を果たす。マイクロソフト、グーグル、フェイスブック〈現メタ〉、アマゾン、IBMなどの大企業は、協働という方法を採用して、自社のAI研究やAIアルゴリズムをオープンソース化してきた。これは世界中の開発者コミュニティによるシステムの迅速な改良、強化に繋がる。同様のオープンソースモデルは、ロボティクス、ブロックチェーン、IoTでも利用されている。

インターネット

これまでに発明されたもっとも革新的な技術は、おそらく**インターネット**だろう。FTTH〈ファイバー・トゥ・ザ・ホーム、すなわち高速通信が可能な光ファイバーを各家庭まで引き込むこと〉と5G無線技術のネットワーク・コンバージェンス〈複数の通信モードを一つのネットワークで使用すること〉は、インターネット帯域幅に対する増大しつつあるニーズを満たす。インターネットは、何十億もの人々はもちろんマシンも接続する。また、IoTやブロックチェーンなどのネットワーキング関連技術の基盤でもある。拡張現実（AR）、VR、音声アシスタントなどのインタラクティブ技術も、うまく機能するためにはネットワークの遅延が小さいことが必須条件なので、高速インターネットに大きく依存している。

クラウドコンピューティング

もう一つの重要なイネーブラーは**クラウドコンピューティング**だ。これはコンピューターシステム、とりわけウェブ上のソフトウェアやストレージを共同利用することで、ユーザーが遠隔で作業できるようにする仕組みである。COVID-19の世界的大流行――及びそれが強いるリモートワーク――によって、クラウドコンピューティングは企業にとってより一層重要になっている。クラウドコンピューティングを利用する企業は、AIなどの複雑なアプリケーションを動かすために高価なハードウェアやソフトウェアに投資する必要がない。そのような投資をする代わりに、クラウドサービス・プロバイダーに会員登録し、プロバイダーによって提供される共用インフラを利用するのである。そうすることで、企業は自社のニーズが増大するにつれて利用するサービスを拡大するという柔軟性を確保できる。また、プロバイダーが度々インフラをアップデートしてくれるので、企業は最新の技術についていかなければと思い煩う必要がない。ＡＩの五大プレーヤー、すなわちアマゾン、マイクロソフト、グーグル、アリババ、ＩＢＭは、クラウドコンピューティングの市場も支配している。

モバイル機器

分散コンピューティングというトレンドは、**モバイル機器**の発達によって可能になった。モバイル・コンピューティングの発達はめざましく、最高仕様のスマートフォンは今ではＰＣと同等の性能を持ち、ほとんどの人にとってコンピューティングやインターネット接続のためのおもなデバイスになっている。デバイスの携帯は移動中のユーザーに力を与え、移動中の生産性を向上させる。また、顧客体験（ＣＸ）の分散提供を可能にする。今日のスマートフォンは、顔認識、音声アシスタント、ＡＲ、ＶＲ、さらには３Ｄ印刷のアプリケーションまで動かせるほど強力だ。

ビッグデータ

ビッグデータはパズルの最後のピースの役目を果たす。ＡＩ技術はマシンに学習させ、アルゴリズムを改良するために、大量かつ多様なデータを必要とする。とくにモバイル機器によるウェブブラウザーや、Ｅメール、ソーシャル・メディア、メッセージアプリなどの日々の利用が、そうしたデータを提供する。心理学的パターンや行動学的パターンを提供する外部データは、社内の取引データを補完してくれる。インターネットベースのデータの素晴らしい点は、従来型の市場調査のデータとは異なり、オンラインで、リアルタイムで、大規模に集められることだ。そのうえ、データストレージのコストは低下しており、容量は急速に拡大していて、大量の情報を容易に管理できるようになっている。

互いに関連しているこれら六つの技術のアベイラビリティ〈入手しやすさ〉とアフォーダビリティ〈手頃な価格であること〉は、大学や企業の研究所が次のフロンティアを探検する後押しをする。これまで眠っていた先進技術は、成熟と大規模な導入の段階へと前進できる。

ネクスト・テクノロジーでビジネスを再構築する

人間は比類ない認知能力に恵まれた独自の存在である。われわれは難しい決定を下したり、複雑な問題を解決したりすることができる。しかし、もっとも重要な点は、われわれが経験から学習できることだ。われわれの脳がどのような方法で認知スキルを発達させるかというと、それは文脈学習によってである。つまり、知識を獲得し、自分自身の生活経験に基づいて関連性を見つけ出して、自分の全体的な物の見方を発達させるのである。

人間の学習の仕方は途方もなく複雑でもある。人間は五感のすべてから刺激を受ける。われわれは言葉や視覚的手がかりを使って教えたり学んだりする。われわれの世界認識は、触れたり嗅いだり味わったりすることによって強化される。たとえば書いたり、歩いたり、他の運動技能を発揮したりできるように、精神運動訓練も受ける。こうした学習全体が生涯続くのである。その結果として、人間は環境刺激に基づいてコミュニケーションをとったり、感知したり、行動したりすることができる。

科学者や技術者は長年、人間の能力をマシンで再現することに取り組んできた。ＡＩの機械学習は文脈学習の手法を模倣しようとしている。ＡＩエンジンは独力で学習するようには設計されていないので、人間と同じく、アルゴリズムを使って何を学習するべきかについて訓練されなければならない。ＡＩエンジンは文脈としての役目を果たすビッグデータから関連性を見つけ出す。そして、最終的に、アルゴリズムを「理解」して、データの意味を完全に解明することができる。

センサーは人間の感覚を模倣することによって学習を手助けする役割を果たす。たとえば顔認識や画像認識は、人間が使う視覚学習モデルに基づいてマシンが対象を識別する手助けをする。そのうえ、コンピューターの認知スキルは、コンピューターが――ＮＬＰで――社会的コミュニケーションを模倣することや、――ロボティクスで――物理的運動を行うことを可能にする。マシンはまだ人間レベルの意識や技巧は持ち合わせていないが、人間より優れた耐久性と信頼性を備えており、大量の知識を短期間で学習することができる。

しかし、人間の独自性は認知能力や学習能力だけではない。人間は倫理、文化、愛など、物理的な形も持たない抽象概念を理解することができる。論理的思考を超えたこの想像能力が、人間をマシンよりクリエイティブにする。また、この能力は時として人間を合理性から逸脱させる。それに、人間は極めて社会的だ。われわれは集団をつくったり他者と関係を築いたりすることが本能的に好きなのである。

マシンは人間の能力のこうした面についても訓練されている。たとえばＡＲやＶＲは、二つの異

図6-2／生体工学：テクノロジーが人間を模倣する六つのやり方

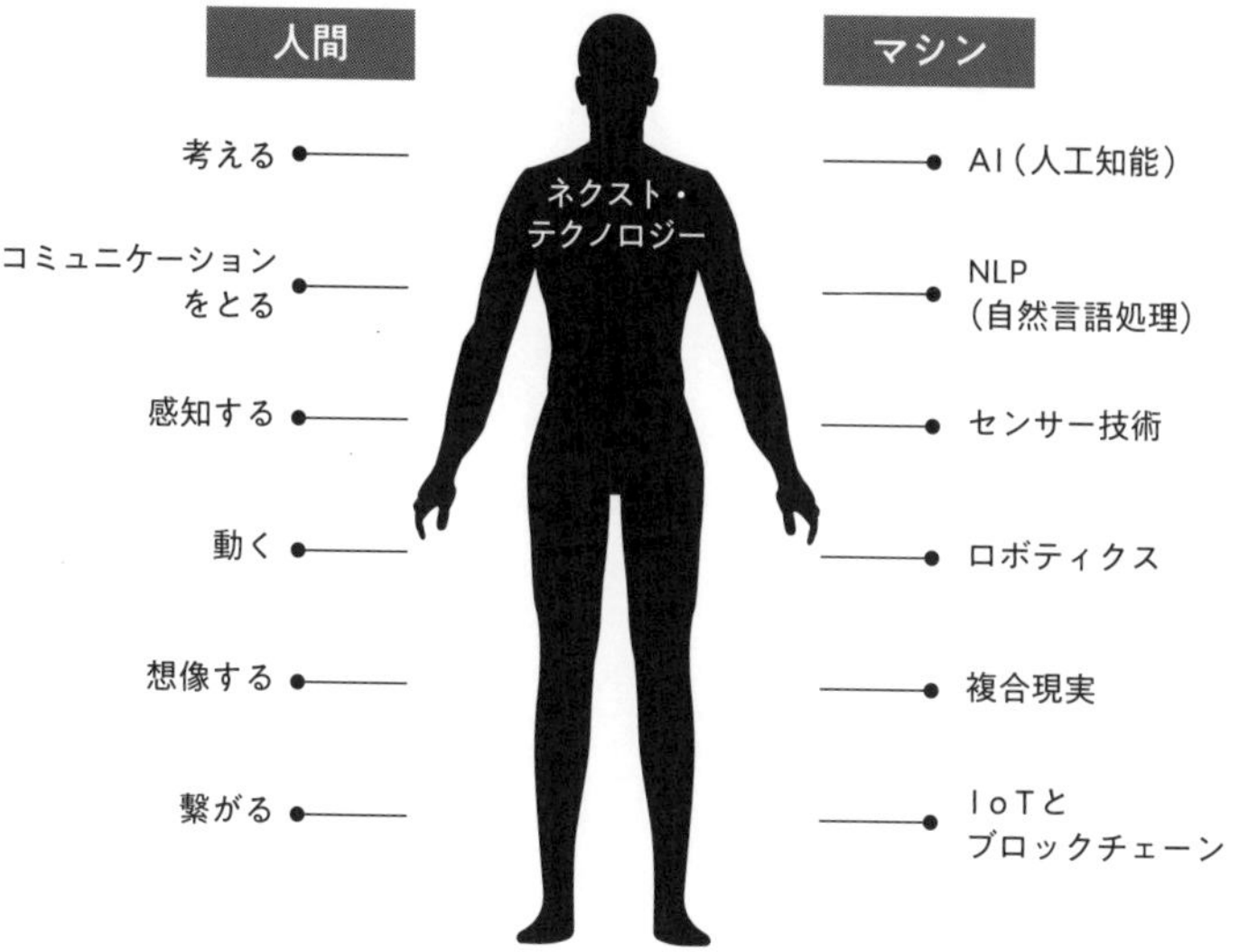

なる現実――オンラインの現実とオフラインの現実――を重ね合わせることによって、人間の想像力を模倣しようとする。また、IoTやブロックチェーンの開発は、マシンが互いにどのように「付き合う」べきかの概念化を推し進めてくれる。

われわれはこれらの先進技術――AI、NLP、センサー技術、ロボティクス、MR、IoT、ブロックチェーン――をネクスト・テクノロジーと呼ぶ。これらの技術は、人間の能力を再現することで次世代のマーケティングに力を与えるだろう【図6―2】。

人工知能（AI）

AIは、おそらく近年もっとももてはや

されていながら、もっとも理解されていない技術だろう。ＳＦ映画に見られるように、われわれがＡＩを人間レベルのものとして思い描くと、ＡＩは脅威を与える存在になる。このような形のＡＩは汎用《はんよう》人工知能（ＡＧＩ）と呼ばれている。ＡＧＩは人間レベルの意識を持つが、開発にはまだ少なくとも二十年はかかる。

だが、ＡＩはそれほど高度である必要はない。ＡＩの狭い範囲の応用はすでに一般的になっており、いくつかの産業でルーティン作業を自動化するために広く使われている。金融サービス会社は、不正の検知や信用スコアの算出を自動化するためにＡＩを使っている。グーグルはＡＩを使って、ユーザーが検索バーに一文字打ち込むたびに検索ワードが推奨されるようにしている。アマゾンはおすすめの本を表示するために、またウーバーはダイナミック・プライシングの設定を行うためにＡＩを利用している。

狭い範囲の応用では、かつては人間の知能が必要だった特定の業務を、ＡＩがコンピューター・アルゴリズムを使って遂行する。コンピューターの学習の仕方は、教師あり学習か教師なし学習のどちらかだ。教師あり学習では、人間のプログラマーが入出力フォーマットか「if-then（もし〜なら、その場合は）」フォーマットでアルゴリズムをマッピングする。この初期の形はエキスパートシステムと呼ばれ、主として顧客サービス用チャットボットに使われている。単純なチャットボットとやり取りするときは、顧客はあらかじめ決められたリストの質問しかできない。規格化された反復的な業務プロセスを持つ企業は、エキスパートシステムを使って自動化することが考えられる。

教師なし学習を行うAIの場合、コンピューターは最小限の人間の関与で過去の履歴データを読み込むので、それまで知られていなかったパターンを学習したり、発見したりする。AIは構造化されていないデータを分析して、構造化された情報に変換する。マーケティング分野での応用はたくさんある。もっとも重要な応用の一つは、ビッグデータを解釈し、知見を引き出すことだ。AIはソーシャル・メディアの投稿、取引履歴、その他の行動データから顧客をグループ分けすることができ、データに基づく市場セグメンテーションやターゲティングを行うことを可能にする。これは企業が製品推奨や価格設定やコンテンツ・マーケティング・キャンペーンを行う際、カスタム化やパーソナル化を実現するための基盤になる。顧客がこれらのオファリングに反応するにつれて、コンピューターは学習し続け、アルゴリズムを修正し続ける。

AGIはまだ利用可能ではないが、企業における統合AIは可能である。オンライン決済のアリペイの親会社で、アリババの関連会社であるアント・フィナンシャルを例にとってみよう。同社はAIや他の支援技術を使って、決済セキュリティ、金融アドバイザリー、融資承認、保険金請求処理、顧客サービス、リスク管理など、自社の中核的なビジネスプロセスをすべて自動化している。また、画像認識や機械学習を使って、自動車保険を再構築している。顧客はスマートフォンの写真で自動車保険の保険金請求を行うことができる。AIエンジンが画像を分析して請求が正当かどうかを判定するのである。

ＡＩは自動化の頭脳にすぎない。次世代の顧客体験を提供するためには、ロボティクス、顔認識、音声技術、センサーなど、他の技術と連携させる必要がある。かつてはコンピューティングの研究機関で扱われるものだったが、ＡＩは今では顧客の日常生活に深く広く入り込んでいる。ＡＩは価値を生み出すが、慎重に運用されなければならない。人間の選好や過去の決定から生じるバイアスがＡＩアルゴリズムに忍び込むかもしれないし、包摂的な開発がなければ、ＡＩは所得格差の拡大をもたらすかもしれない。

自然言語処理（ＮＬＰ）

もう一つのワクワクする発展はＮＬＰの分野で見られる。ＮＬＰはマシンに人間のコミュニケーションの仕方を再現させようとするもので、書き言葉と話し言葉の両方を対象にしている。ＮＬＰはＡＩの発展、とりわけ音声アシスタントなどの言語入力を必要とするＡＩの発展における極めて重要な側面である。人間の言語は得てして曖昧で、複雑で、しかも重層的なので、ＮＬＰは難しい離れ業でもある。マシンに言語のニュアンスを教えるためには、本物の会話の書き起こしやビデオ録画が大量に必要だ。

NLPの応用でもっとも普及しているのはチャットボットである。チャットボットはサービスのためにはもちろん、販売のためにも活用されている。チャットボットの導入によって、インバウンドのコールセンターやアウトバウンドのテレマーケティングなど、より高コストチャネルの必要性を引き下げることができる。とくに低所得層の顧客では、使わずに済むようになる。リフト、セフォラ、スターバックスのような企業は、すでに注文取りや顧客とのインタラクションにチャットボットを使っている。B2Bの分野では、ハブスポットやラピッドマイナーのような企業が、見込み客全般を絞り込んで、有望な見込み客を適切なフォローアップ・チャネルに向かわせるためにチャットボットを利用している。ワッツアップ、フェイスブック、メッセンジャー、ウィーチャットなどのオンライン・メッセージング・プラットフォームの普及が、チャットボットの利用が拡大したおもな理由である。同じ理由で、人々は他の人々とおしゃべりするのと同じように、チャットボットとコミュニケーションをとれることを期待している。

だからこそ、NLPは極めて重要なのだ。選択回答形式の質問にしか応えられない単純なチャットボットとは異なり、NLP搭載のチャットボットは任意の質問を解釈して、それに回答することができる。また、タイプミスやスラングや略語などのノイズを含むチャットメッセージでも理解することができる。強力なチャットボットは感情も理解でき、たとえば皮肉を含んだ発言をそれと察知する。また、文脈を理解して、曖昧な表現の意図された意味も推測できる。

音声技術のおかげで、マシンは口頭コマンドに適切に反応することもできるようになっている。アマゾンのアレクサ、アップルのSiri、グーグルのグーグルアシスタント、マイクロソフトのコルタナなど、利用可能な音声アシスタントはたくさんある。これらのアプリケーションは、すでに複数の言語で簡単な質問に答えたり、コマンドを実行したりすることができる。二〇一八年のグーグルI／O（開発者向け会議）でのグーグルデュプレックスのデモンストレーションは、バーチャルアシスタントが自然な会話をどれほどスムーズに行えるかを実証した。美容院やレストランに予約の電話を入れると、音声アシスタントがロボット口調を捨て、間や繋ぎ言葉を加えることまでして、かつてないほどリアルな会話をするのである。

このような最近の発展により、ますます多くの顧客が音声アシスタントを通して調査や買い物をするようになっている。音声アシスタントは製品を比較し、過去の購入決定に基づいて買うべきブランドについて推奨する。過去に購入した製品が多ければ多いほど、推奨は正確になる。このまったく新しい買い物の仕方の先をブランドが行くためには、自力でビッグデータを集めて、ユーザーの選好を反映している購入アルゴリズムを理解しなければならない。

センサー技術

テキスト認識や音声認識のほかに、コンピューターは画像認識や顔認識からも学習することができる。ソーシャル・メディアの時代における写真や自撮りの人気の高まりは、このトレンドを促進する。簡単に言うと、画像認識が行うのは、画像をスキャンして、ウェブ上やデータベース上で類似したものを探すことだ。主要検索エンジンのグーグルは、人々が画像を使って検索を行える画像認識能力を開発した。

画像認識の応用の仕方はたくさんある。たとえば、企業はソーシャル・メディア上の何百万件もの投稿から自社のブランドを購入、消費している人々の写真をスキャンして、礼状を送ることができる。競合ブランドを使っている人々を特定して、彼らにスイッチングを勧めることもできる。ターゲットをしっかり絞ったこの広告は、市場シェアを拡大する極めて効率的な方法だろう。

イギリスのテスコは、自社のプラノグラム、すなわち購入促進のために製品をどのように棚に陳列するかという棚割りを改良するために、画像認識センサーを大々的に使用している。ロボットを使って陳列棚の製品の写真を撮らせ、その画像を分析させて、在庫切れや陳列ミスを見つけているのである。画像認識能力は顧客体験の向上にも役立つ。たとえば、顧客が棚の製品をスキャンすれば、その製品に関する詳しい情報がＡＩエンジンから送られてくるという使い方が考えられる。

テスコはアルコールやタバコの購入者の年齢を確認するために、チェックアウトカウンターに顔認識カメラを配備することも計画している。こうすることで、人間のレジ係を置かないセルフチェックアウトが可能になる。顔認識ソフトウェアのもう一つの使用例は、電子看板だ。オーディエンスの人口統計学的プロフィールや感情の状態を識別することは、広告主が適切なコンテンツを提供する助けになる。コンテンツに対する表情反応をとらえることは、広告主が広告を改良する助けにもなる。

センサーが広く使用されているもう一つの分野は自動運転車である。グーグルの関連会社、ウェイモのようなテクノロジー企業は、GMクルーズ、フォード・オートノマス、アルゴAIのような自動車メーカー系の企業と、この分野で競争している。自動運転車はセンサーに大きく依存しており、AIに周囲の状況の理解を与えている。通常、車両の異なる部分に設置された四種類のセンサー——カメラ、レーダー、超音波、ライダー〈光を使ったリモートセンサー〉——を使って、距離を測定し、車線を識別し、周囲の他の車両を検知しているのである。

車両には、安全性を高め、車両管理を支援するために、センサーを含むテレマティクス・システム〈車両に搭載したカーナビなどの機器を、通信システムを利用してインターネットに接続し、さまざまな情報を管理したり、関連サービスを提供したりするシステム〉も搭載されている。これはロジスティクスとサプライチェーンの最適化にとくに有効だ。無人車両をモニターして、GPSパターンや走行時間や走行距離、それに燃費性能について、毎日、知見を得ることができる。さらに重要な点として、車両の修理が必要なときは、それを知らせるメッセージを受け取ることができる。プログレッシブやGEICO《ガイコ》のような保険会社も、掛金の割引を提供する使用量ベースの保険プログラムのためにテレマティクスを利用している。

ロボティクス

工業国の大企業は一九六〇年代から、主としてバックエンドの自動化のためにロボットを使ってきた。自動化ロボットは労働集約型産業である製造業で最大のコスト削減効果を示した。ロボットのコストが賃金を下回るレベルまで低下した近年は、とくにそうだ。AIの進歩は産業用ロボットが対処できる作業の幅を拡大した。それは生産性の向上に繋がるロボットの耐久性や労働時間の柔軟性とあいまって、企業が自動化する強力な論理的根拠になる。

近年、企業はマーケティングの一環として、顧客対応インターフェースで人間の代わりにロボットを使おうとしてきた。日本は人口の高齢化と移民をあまり受け入れないこともあり、ロボットに関しては積極的に突き進み、先頭に立っている。トヨタやホンダのような日本の自動車メーカーは、高齢者を支援するためのケアロボットに投資している。ソフトバンクのロボット、ペッパーは老人ホームでは話し相手になり、小売店では店員になる。ネスレ日本も、コーヒーを淹れ、販売し、給仕するためにロボットを使っている。

しかし、ロボティクスのもっとも大胆な実験の一つは、人間の役割が極めて重要なホスピタリティ部門における利用だろう。目的は、ロボットを使うことでスタッフを単純作業から解放し、スタッフがよりパーソナライズされたサービスを提供できるようにすることだ。バージニア州のヒルトン・ホテルは、コニーというロボット・コンシェルジュを試験的に導入した。IBMのAI「ワトソン」を搭載したコニーは、ホテルのゲストに近隣の観光名所やレストランを推奨することができる。カリフォルニア州クパチーノのアロフト・ホテルは、ボトラーという名のロボット執事《バトラー》を導入した。ボトラーはアメニティやルームサービスをゲストに届け、ゲストに「#MeetBotlr」とツイートしてもらうことでチップを受け取る。ホテルは調理にもロボットを使い始めている。たとえばシンガポールのスタジオM・ホテルは、ロボットのシェフにオムレツをつくらせている。

われわれは概して人間に似た形を思い浮かべるが、ロボティクスは物理的なロボットだけを意味していない。拡大しつつあるトレンド、ロボティック・プロセス・オートメーション（RPA）は、ソフトウェアロボティクスを用いている。RPAでは、仮想ロボットが明確なガイドラインに従って、人間が行うようにコンピューター作業を行うのだ。大量の反復作業を自動化して、企業はミスの余地をなくすためにRPAを使っている。RPAは請求や支払など、バックオフィスの財務管理にもよく使われている。新人研修や給与処理などの人的資源管理も自動化することができる。

ＲＰＡは販売分野でも活用できる。ＣＲＭは、もっとも一般的な使用例の一つである。販売チームは名刺や紙の集計レポートを簡単にデジタル・フォーマットに変換して、それをＣＲＭシステムに保管することができる。ＲＰＡは見込み客に対するＥメールを自動化するのにも役立つ。マーケティングの分野では、ＲＰＡは主としてプログラマティック広告――最適な結果が得られるようにデジタル広告枠の入札、買付を自動的に行う仕組み――に使われている。オンライン広告予算の割合が上昇しているので、ＲＰＡの利用はさらに拡大しつつある。

複合現実（ＭＲ）

三次元ユーザー・インターフェースのイノベーションでは、ＡＲとＶＲ、すなわちＭＲが、もっとも有望なものの一つとして注目を集めており、物理的世界とデジタル世界の境界をぼやけさせている。ＭＲの目的は人間の想像力を模倣することなので、現在の応用は主としてエンターテインメントとゲームに集中している。しかし、一部のブランドは、顧客体験を強化するためにＭＲに投資している。

ＡＲでは、ユーザーが目にしている実世界環境に、インタラクティブなデジタル・コンテンツが重ね合わされて表示される。「ポケモンGO」は、ARを使ったモバイルゲームのよく知られた例である。このゲームでは、モバイル画面を通じて見ると、想像上の生き物がわれわれの近くにいるように見える。重ね合わせるデジタル・コンテンツの種類は年月とともに進化し、当初は主として画像と音声だったが、今では触覚フィードバックや香りも可能になっている。

VRはある意味でARの逆である。ARはデジタルの物体を実世界に持ち込むようなものだが、それに対しVRはユーザーをデジタルの世界に連れていくようなものだ。VRは通常ユーザーの視界を、現実世界を模したデジタル環境で置き換える。ユーザーはヘッドセットを着けることで、ジェットコースターに乗ったり、エイリアンを撃ったりする体験ができる。ヘッドセットには、オキュラスリフト〈2021年製造終了。オキュラスクエストが後継〉のような専用ヘッドセットもあれば、グーグルカードボードのようなスマートフォンを利用するものもある。ソニーや任天堂の家庭用ゲーム機も、拡張機能としてVRデバイスを提供している。

デジタル世界と現実世界を融合させる能力は、マーケティングにおけるゲームチェンジャーである。この能力は人の心を掴むコンテンツ・マーケティングに無限の可能性をもたらす。それは主としてMRがビデオゲームに起源を持つからだ。MRの活用によって、企業は自社製品に追加の情報やストーリーを楽しくワクワクするような形で埋め込むことができる。顧客のほうは、自分が製品を見ているところだけでなく、使っているところを視覚化することができる。ある意味で、顧客は購入を決める前から製品を「消費」できるのだ。

観光部門では、人々に実際の目的地への訪問を促すために、MRを使ってバーチャルツアーを提供している。たとえばルーブル美術館は、HTCのVRヘッドセット「バイブ」を装着したユーザーに、「モナリザ」を至近距離から見るだけでなく、この絵の背後にあるストーリーを知ることもできるバーチャル体験を提供している。小売企業は製品のバーチャル試用を可能にしたり、個別解説を提供したりするためにMRを使っている。たとえばイケアは、自社製品の3D画像を作成し、ARを使って潜在的買い手が家具を自分の家に置いたらどうなるかを視覚化できるようにしている。アメリカのホームセンター大手のロウズはVRを使って、DIYによる自宅のリフォームについてユーザーに段階的な指導を提供している。

自動車産業では、ARはメルセデス・ベンツやトヨタやシボレーによって、フロントガラスに情報を表示するヘッドアップ・ディスプレイという形で広く使われている。ランドローバーはヘッドアップ・ディスプレイのアイデアを拡張して、前方の地形の全体像をフロントガラスに表示し、ボンネットが透明であるかのような錯覚を生み出している。

シューズブランドのトムスは、VRがマーケティングのためだけでなく社会的インパクトを生み出すためにも使われている好例だ。同社は靴が一足売れるたびに一足寄付するという方針でよく知られている。トムスはVRを使って、困っている子どもに靴を贈るとはどういうことかを顧客が体験できるようにしている。

モノのインターネット（IoT）とブロックチェーン

IoTとは、互いにコミュニケーションがとれるマシンとデバイスの相互接続性のことをいう。接続されているデバイスの例としては、携帯電話、ウェアラブル端末、家電、自動車、スマート電気メーター、監視カメラなどがある。建物や車両などの資産の遠隔監視や追跡にもIoTを使うことができる。だが、もっとも重要な点は、IoTによってシームレスな顧客体験が提供できることだ。今ではあらゆる物理的タッチポイントがIoTによってデジタルに接続されているので、摩擦のない顧客体験が実現できる。

ディズニーはその好例である。同社のテーマパークはIoTを使って摩擦をなくし、パークでの顧客体験をまったく新しいものにしている。ディズニーのブレスレット、マジックバンドは、「マイ・ディズニー・エクスペリエンス」というウェブサイトと統合されて顧客情報を保管しており、テーマパークのチケット、ルームキー、支払手段として機能する。マジックバンドは無線周波数技術によって、乗り物、レストラン、ショップ、ホテルの何千ものセンサーと継続的にコミュニケーションをとっている。ディズニーのスタッフは顧客の動きをモニターし、半径四十フィート〈約十二メートル〉以内にいる次のゲストを予測し、これらのゲストに積極的に対応することができる。何も言わなくてもファーストネームで呼んでもらい、親しく出迎えてもらえるのを想像してみてほしい。ゲストの動きに関する収集データは、位置情報に基づいたサービスなどを設計したり、ゲストの好みの乗り物までのもっとも効率的なルートを推奨したりするのに役立つ。

ブロックチェーンは別の形の分散型テクノロジーである。公開分散型台帳システムであるブロックチェーンは、暗号化されたデータをピア・ツー・ピア・ネットワークで記録する。一つのブロックは過去のすべての取り引きを記録した台帳の一ページのようなものだ。一つのブロックが完了したら、そのブロックは決して変更できず、チェーンの次のブロックに移行する。ブロックチェーンの安全性は、仲介者としての銀行を抜きにした取り引きを可能にする。また、中央銀行を必要とせずに暗号通貨ビットコインを創出することも可能にする。

取引記録が安全かつ透明な形で保管されるというブロックチェーンの性質は、マーケティングにとってゲームチェンジャーになる可能性がある。ＩＢＭはユニリーバと協働して、デジタル広告の掲載の透明性を高めるためのブロックチェーン・プロジェクトを開始した。全米広告主協会は、デジタル・メディアの広告料金は一ドルにつき三十〜四十セントしかパブリッシャーのものになっておらず、残りは仲介者の懐に入っていると推定している。ブロックチェーンは広告主からパブリッシャーまでのこの取り引きの連鎖を追跡し、非効率的な箇所を特定するために使われる。ブロックチェーンの応用によって、「フェアトレード」とか「百パーセント・オーガニック」といった宣伝文句が正確かどうかを、顧客はサプライチェーンの取引記録によって確かめることもできる。

ブロックチェーン技術のもう一つの応用分野は顧客データ管理である。今日、顧客データはいくつもの企業やブランドに分散している。たとえば、一人の顧客が何十種類ものロイヤルティ・プログラムに参加して、いくつもの企業やブランドに個人情報を伝えるかもしれない。あちこちに分散しているため、顧客が意味のあるポイント数になるほどポイントを集めるのは難しい。ブロックチェーンは、複数のロイヤルティ・プログラムを統合し、同時にそこに含まれる取引摩擦を軽減できる可能性がある。

まとめ――人間のようなテクノロジーが離陸する時

ネクスト・テクノロジーは何十年も前から開発されてきたが、少々休眠状態にあった。だが、次の十年でついに離陸するだろう。強力なコンピューター処理能力、オープンソース・ソフトウェア、高速インターネット、クラウドコンピューティング、モバイル機器の普及、それにビッグデータと、あらゆる基盤がそろっている。

先進的なテクノロジーは、人間の極めて文脈的な学習の仕方を模倣しようとする。われわれ人間は、誕生以来、周囲の環境を把握し、他者とコミュニケーションをとるように訓練されてきた。生活経験は、世界の仕組みに関するわれわれの総合的な認知的理解を豊かにする。それが機械学習の基盤になり、AIのための下地をつくる。コンピューターはセンサーやNLPで同様に訓練されている。ビッグデータは「生活経験」の拡張を提供する。マシンはARやVRで人間の想像力を模倣しようとし、IoTやブロックチェーンで人間の社会的関係を再現しようとする。

ネクスト・テクノロジーをマーケティングに応用することは極めて重要だ。AIを活用することで、企業はリアルタイムの市場調査を行い、それによって迅速なパーソナル化を大規模に実行できる。ネクスト・テクノロジーの文脈的性格は、状況の変化に適応できる顧客体験を可能にする。マーケターはコンテンツやオファリングやインタラクションを、顧客の現在の感情に合わせて調整することができる。さらに、分散コンピューティング能力によって、サービスの提供は要求された時点でリアルタイムで行われるようになる。

考えるべき問い

▼

□自社は今日どのネクスト・テクノロジーを導入しているか？　自社の使用例にはどのようなものがあるか？

□自社の次の五年間のテクノロジー・ロードマップについて考えたことがあるか？　どのような機会があり、どのような課題があるか？

第7章

新しい顧客体験

マシンはクールだが人間は温かい

THE NEW CX

日本の「変なホテル」は二〇一五年にオープンした、ロボットのスタッフをそろえた世界初のホテルとギネス世界記録が公式に認定したホテルである。多言語対応のフロントデスク・ロボットは顔認識機能を備えており、ゲストのチェックインやチェックアウトの手助けをする。メカニカルアームがレセプションで荷物を預かる。ロボットのコンシェルジュがタクシーを呼ぶ手助けをし、ロボットの台車が荷物を部屋に運び、清掃ロボットが部屋を掃除する。設備もほとんどがハイテクだ。たとえば、各部屋に顔認証ドアロックが装備され、室内には衣服をかけるだけで消臭やしわ伸ばしをしてくれるスチームクローゼットが備えつけられている。

当初、ロボットの使用は日本の人手不足に対処するための経営者の戦略だった。最小限のスタッフでホテルを運営でき、人件費を抑えられると期待してのことだった。ところが、ロボットはゲストをイライラさせる問題を生み出し、そうした問題を解決するためにスタッフの仕事量はかえって増加した。ゲストの不満の一例は、室内の卓上ロボットがいびきを質問と勘違いし、そのため眠っているゲストを何度も起こすことだった。その結果、ホテルは自動化を減らし、ロボットの半分を「解雇」した。

この事例は完全自動化の限界を浮き彫りにしている。とりわけ対面でのインタラクションに大きく依存しているホスピタリティ産業では、すべてがマシンというタッチポイントは、結局、最善の策ではないのかもしれない。人との繋がりはまだ欠かせないので、必ずしもすべての業務が自動化できるわけではない。ロボットは確かにクールだが、人間は温かいことがわかっている。両方を組み合わせることが、顧客体験（CX）の未来になるだろう。

この見方は、オンライン・チャネルとオフライン・チャネルを組み合わせて使う顧客がますます増えているという事実によって裏づけられている。グローバル顧客の四十四パーセントがウェブルーミング（オンラインで調べて店舗で買う）を、二十三パーセントがショールーミング（店舗で体験してオンラインで買う）を採用していることが、マッキンゼーの調査で明らかになっている。トランスコスモスがアジアの十の主要都市で行った調査では、ほとんどの顧客が製品カテゴリーによってウェブルーミングとショールーミングを使い分けていることが明らかになった。このようなハイブリッドのカスタマー・ジャーニーには、CXに対するオムニアプローチが必要だ。ハイテクで、それでいてハイタッチのアプローチが必要なのである。

デジタル世界での顧客体験を見直す

CXは新しい考えではない。エクスペリエンス・エコノミー〈体験経済〉という概念は、一九九八年にパインとギルモアによって初めて打ち出された。二人は、製品・サービスはかつてはイノベーションのおもな手段だったが、今ではコモディティ化して区別がつかなくなっており、プレミアム価格を付けることは戦略をアップグレードしないかぎり不可能だと主張した。

製品特性の小さな差異は、顧客による競合他社へのスイッチングを防ぐかもしれないが、支払意思額（WTP）を増加させることはまずできない。企業は経済的価値向上の次のステップ、すなわち体験に移行しなければならない。劇場を比喩として使うと、体験を重視する企業は、製品を小道具、サービスを舞台として使って、顧客と忘れがたい関わりを持つのである。

この考えはデジタル化の進展によって、主流の人々から大きな支持を得るようになった。なによりも、インターネットの透明性は、顧客が製品・サービスを比較することを容易にし、コモディティ化をかつてより早く生じさせるようになった。したがって、企業は体験を基本的なオファリングを超えるものにイノベートする必要がある。だが、極めて重要な点として、顧客はブランドとの本物の繋がりを強く望んできたが、そうした繋がりは、逆説的だが、接続された時代にはまれになっている。その結果、企業は今日、インターネットや他のデジタル技術を使って顧客とやり取りしたり、関わり合ったりせざるをえないと感じている。

製品がコモディティ化しているので、企業は今ではイノベーションの焦点を、製品を取り巻くあらゆるタッチポイントに向けている。製品と接する新しい方法が、今では製品そのものより魅力的になっている。競争に勝つための鍵は、製品にあるのではなく、顧客が製品をどのように評価し、購入し、使用し、推奨するかにある。CXは事実上、企業がより大きな顧客価値を生み出し、提供するための新しい効果的な方法になっているのである。

実際、CXは企業業績のおもなドライバーの一つである。セールスフォースの調査によると、接続された顧客の三分の一が、素晴らしいCXには上乗せ料金を払ってもよいと思っている。プライスウォーターハウスクーパースの調査でも、顧客の四人に三人弱が、素晴らしいCXは自分をそのブランドに留まらせ続けると答えている。また、顧客はよりよいCXには最高で十六パーセントの上乗せ料金を払ってもよいと思っている。

タッチポイントに注目し続ける――5A

CXという概念は、製品イノベーションの狭い焦点を拡大することを目的とするものなので、CXを広い視野でとらえることが不可欠である。CXは購入体験や顧客サービスだけを意味するものではない。それどころか、顧客が製品を購入するずっと前から始まり、購入後もずっと続くのだ。CXは顧客が製品に触れる可能性のあるすべてのタッチポイント――ブランド・コミュニケーション、小売体験、販売員とのインタラクション、製品の使用、顧客サービス、他の顧客との会話――

を包含している。顧客にとって意味があり、しかも忘れがたいシームレスなCXを提供するためには、企業はこれらすべてのタッチポイントを統合しなければならない。

われわれはマーケティング4・0で、これらのタッチポイントをマッピングして優れたCXを生み出すための枠組みを紹介した。5Aから成るカスタマー・ジャーニーは、顧客がデジタル世界で製品・サービスを購入、消費するときにたどる道筋を表している【図7-1】。これはすべての産業に当てはまる柔軟なツールである。しかも、顧客の行動の説明に使われるとき、実際のカスタマー・ジャーニーにより近い図を描く。今日も依然として意味があるだけでなく、人とマシンをどのように総合的な顧客体験に統合するべきかを理解するための強力な基盤を提供してくれる。

5Aは、一見個人的に見える顧客の購買決定の多くが、本質的に社会的決定であることを示している。生活のペースが加速し、コンテンツが急増し、集中力の持続時間が短くなる中で、顧客は自分自身で決定を下すことの難しさを経験している。そのため、もっとも信頼できる助言者、すなわち友人や家族に頼る。顧客は今では積極的に繋がって、ブランドについて質問したり、ブランドを他者に推奨したりする。その結果、顧客ロイヤルティの測定基準も、単なる維持や再購入から推奨に変わる。

認知段階では、顧客は体験やマーケティング・コミュニケーションや他者の推奨から、たくさんのブランドを知る。いくつかのブランドを認知した顧客は、自分が見聞きしたあらゆるメッセージ

図7-1／5Aからなるカスタマー・ジャーニー

認知 （Aware）	訴求 （Appeal）	調査 （Ask）	行動 （Act）	推奨 （Advocate）
｜	｜	｜	｜	｜
体験、広告、推奨によってブランドを知る	ブランドメッセージを処理し、特定のブランドに引き付けられる	好奇心に駆り立てられて、追加情報を調べる	追加情報によって考えが強化され、どのブランドを購入、使用するかを決定する	時間とともに、ロイヤルティの感覚を育み、その感覚は推奨によって示される

を処理して――短期記憶をつくったり、長期記憶を増幅させたりして――少数のブランドだけに引き付けられるようになる。これが訴求段階だ。顧客は好奇心に駆られて、通常、自分が引き付けられたブランドについて積極的に調べ、友人や家族から、メディアから、あるいは当該ブランドから直接、追加の情報を得ようとする。これが調査段階だ。

調査段階で追加情報に納得したら、顧客は行動を決意するだろう。望まれる顧客行動は購入だけではないことを肝に銘じるべきである。ブランドを購入したあと、顧客は消費や使用、さらにはアフターサービスを通じて、ブランドとさらに深く接する。やがて顧客はそのブランドに対するロイヤルティ意識を育み、その意識は顧客維持、再購入、そして最終的には他者への推奨に表れる。これが推奨段階だ。

あらゆる企業の究極の目標は、ジャーニーの最初から最後まで卓越したインタラクションを提供することによって、顧客を認知から推奨にまで進ませることである。これを達成するためには、企業はそれぞれのタッチポイントを入念に設計し、いつ自動化を使い、いつ対面のヒューマンタッチを使うかについて決定しなければならない。自動化は通常、予約や支払いなど、顧客が単にスピードと効率を求めているときに有効だ。その一方で、相談やもてなしのためのインタラクションなど、柔軟性や状況理解が求められる業務を遂行するのはまだ人間のほうが優れている。

新しいCXにおける人間とマシン

ハイブリッドのCXでは、人間の役割とマシンの役割が等しく重要である。人間とマシンは得意分野が異なるだけでなく、補完し合う関係でもある。コンピューターのスピードと効率のおかげで、人間はある種の仕事から解放され、空いた時間で想像力が求められる他の活動を行うことができる。自動化は人間の創造性を次のレベルに押し上げる手段なのだ。その意味で、テクノロジーはイノベーションを実現可能にし、加速するものと認識されなければならない。テクノロジーはそれが発明されたそもそもの目的、つまり、人的資源の解放に資するのである。

マシンと人間がそれぞれどの分野で勝っているかをもっと詳しく見ていく前に、モラベックのパラドックスを理解しておく必要がある。ハンス・モラベック〈アメリカの人工知能（ＡＩ）・ロボット研究者〉は、コンピューターに知能テストでよい成績をとらせるのは比較的簡単だが、コンピューターに一歳児レベルの知覚・運動スキルを与えるのは不可能に近いと述べたことで知られている。

人間では高度な能力と認識されている推論は、生涯にわたる意識的な学習を必要とするが、コンピューターに簡単に教えることができる。われわれは推論がどのように進むかを知っているので、同じロジックを極めて簡単なプロセスでマシンに教え込める。マシンは処理能力が高いので、推論を人間よりはるかに速く学習し、適切に使うことができる。

その一方で、感覚運動知識——人間の知覚や環境に対する反応——を、コンピューターに教え込むのはもっと難しい。これは子どもが人や環境と楽々と交流する幼児期に習得される低レベルのスキルのように見える。他の人々の気持ちを本能的に理解し、共感を抱くということだ。子どもがこうした能力をどのように発達させるのかは、誰にもわからない。こうした能力はたいてい、何百万年もの人類の進化の間に構築された無意識の学習によって習得されるからである。だからこそ、教えるのが難しいのである。

AI科学者たちは、意識的プロセスを応用することによって、無意識の学習をリバース・エンジニアリングしようとしてきた。コンピューターは個々人の顔を認識し、その奥にある感情の推測まで行うために、何十億もの顔とその固有の特徴を分析する。音声や言語の学習についても同様だ。成果は素晴らしいが、それを達成するには何十年もかかる。ロボティクスでは、これまでのところ限定的な成功に留まっている。ロボットは外的刺激に対する反応としての人間の身体の動きを再現できるようにはなっているが、美しい身のこなしを再現することには成功していない。

コンピューターは、人間最大の資産であり能力である、論理的思考や推論を容易に超えることができる。逆に、人間にとって学習するのが当たり前のように思えることをマシンが模倣するには、何十年もの時間と途方もないコンピューター処理能力が必要である。一部の人が往々にして当たり前のものと思っているスキル——たとえば常識や共感——が、人間をコンピューターと区別するスキルなのだ。これがパラドックスである。

情報処理の変化

人間とコンピューターの違いを特徴付けるおもな要因は、情報を処理する能力である。DIKWピラミッドとして知られるナレッジマネジメントの階層がある。これはデータ（data）、情報（information）、知識（knowledge）、知恵（wisdom）からなる。T・S・エリオットの詩劇「岩のコーラス」から一部ヒントを得たこのモデルには、さまざまな作者によるいくつものバージョンがある。われわれはDIKWの枠組みにノイズ（noise）と知見（insight）を加えた六層のモデルを使う【図7-2】。

図7-2／ナレッジマネジメントの階層

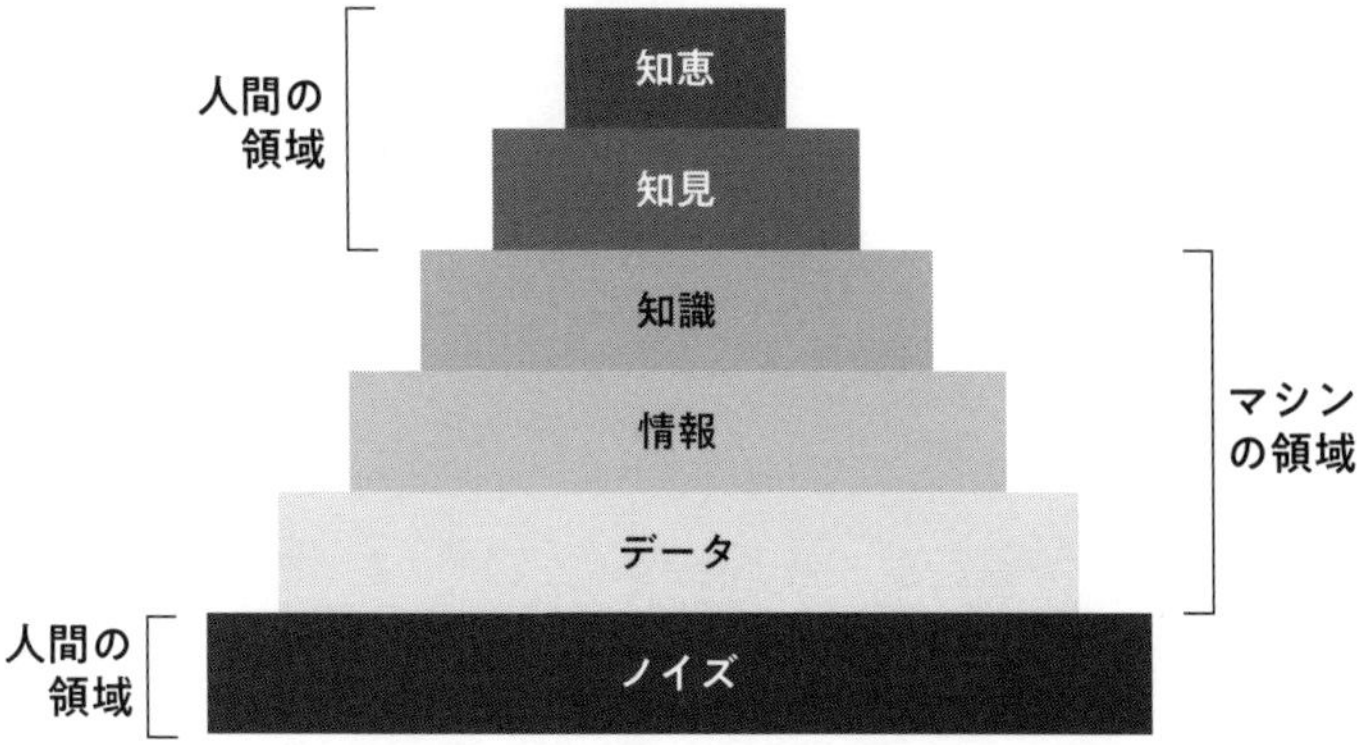

データと情報と知識はマシンの領域として確立されている。コンピューターは、無秩序なデータを高速で、しかも無限に近い能力で処理して、意味のある情報にするのが得意である。これによって生まれる新しい情報は、関連情報や他の既知の文脈の貯蔵庫に追加されて、いわゆる知識を発展させる。コンピューターは自身のストレージ〈記憶装置〉の中にある大量の知識を整理して管理し、必要に応じて取り出すことができる。処理の量的性格と量の多さゆえに、マシンはこの種の仕事にうってつけだ。

他方、三つのいくぶん曖昧で直観的な要素（ノイズ、知見、知恵）は、人間の領域にある。ノイズはデータの歪《ゆが》みや逸脱で、データを構造化されたクラスターに分類する際に大きな妨げになる恐れがある。この好例は外れ値だ。コンピューターは、外れ値を他のデータセットからの大きな逸脱と素早く認識できる。だが、外れ値は有効なばらつきである場合もあれば、エラーの場合もある。

そして、それを判定する唯一の方法は、現実世界の理解に基づく主観的判断だ。ここで人間の――データ科学者ではなくビジネスピープルの――出番となる。人間がその外れ値を含んだままにするか取り除くかを決めることになる。

ノイズを除去するにあたって人間の判断は必須である。ときには例外、すなわち外れ値のデータの発見により知見が得られることもある。多くのマーケットリサーチャー、とりわけエスノグラフィ調査〈行動観察調査〉を行うリサーチャーが、一般的ではない顧客行動を観察しているとき、意味のある知見を得ることが多い。彼らは型破りのアイデアを見つけるために、往々にして正規分布の両方の端にいるエクストリーム〈極端な〉ユーザーを意図的に観察する。これらの異常な観察結果は、まれにしか発生しないため、通常、統計的には意味がないとみなされる。確立された知識を超える知見を見つける作業の質的側面は、人間の直観的性質によく合っている。

ピラミッドの最上層には知恵があり、これはおそらくマシンによる模倣がもっとも難しい能力だろう。知恵は、われわれが公平な見方と的確な判断と倫理的配慮を統合して正しい決定を下すのに役立つ。われわれが生涯にわたりどのように知恵を発展させていくのかは、誰にもわからない。だが、ほとんどの人が同意するだろうが、知恵は理論からではなく豊富な実践的経験から生まれる。つまり、人間は自分の過去の決定のプラスの結果とマイナスの結果の両方から学び、時間とともに知恵が磨かれていくのである。狭い機械学習とは異なり、このプロセスは極めて広く、人間の生活のあらゆる面に及んでいる。

市場調査の分野では、マーケターはコンピューターの助けを得て情報を処理し、市場のシミュレーションモデルを作成するだろう。だが、最終的には、自分の知恵を使って実行可能な知見を引き出し、正しい判断を下す必要がある。人間は往々にしてＡＩが推奨する決定をくつがえさなくてはならない。

その好例は、デイビッド・ダオが巻き込まれたユナイテッド航空の事件である。ダオは二〇一七年にユナイテッドエクスプレス三四一一便から強制排除された。この便に緊急に乗る必要があった航空会社の職員の座席を確保するために、四人の乗客が降機しなければならなかった。利益最大化を目的とするコンピューター・アルゴリズムは、ダオの「もっとも低い」顧客ステータス――マイレージプログラムのステージと運賃クラスに基づいて評価されたステータス――ゆえに、彼を押し出される乗客の一人と認定した。コンピューターが認識しそこなった重要な事実は、ダオが翌日患者を診察する必要がある医師だということだった。感情面を無視して、コンピューターのバイアスに不用意に従うことは、往々にして間違った決定に繋がる。この状況に対するスタッフの乱暴な対応は、顧客体験におけるヒューマンタッチをも台無しにした。

人間とマシンの協働思考

人間とマシンは、収斂《しゅうれん》的思考と拡散的思考で協働することもできる。コンピューターは収斂的思考の能力を持つことで知られている。文字や数字だけでなく画像やオーディオビジュアルも含む、多様な非構造化データセットの中のパターンやクラスターを識別できる。それに対し、人間は拡散的思考に長けており、新しいアイデアを生み出したり、多くの潜在的解決策を探求したりすることができる。

これらの互いに補い合う機能は、たとえば広告の有効性を高める上で途方もなく大きな可能性を秘めている。コンピューターは何百万件もの広告を読み込んで、創造性の基本的特徴（カラースキーム、コピー、レイアウトなど）と結果（認知レベル、感情訴求力、購買率など）との相関関係を見つけ出す。この機能は、掲載前のクリエイティブテストや広告の実績評価のために使うことができる。たとえばチェースは、コピー作成のためにペルサド社のAIを使っているが、クリエイティブテストでは、このAIが人間のコピーライターたちをしのいでもっとも高いクリック率を獲得した。AIによるワードチョイスは、感情訴求力でランク付けされている大規模な単語データベースから作られたものだった。

これはブランド・マネジャーや広告会社にとっての脅威と判断されるべきではない。これまでのところ、エージェンシーブリーフ〈広告制作の指針となる事柄を短くまとめたもの〉を書いたり、広告コピーをゼロから生み出したりすること——すなわち、共感を呼ぶブランド・ポジショニングを作成し、それを適切なメッセージに変換すること——において、人間に取って代われるマシンは存在していない。コンピューターは心に響く斬新なキャンペーンを設計する作業にも最適ではない。だが、よりよい言葉や色やレイアウトを選ぶことによって、広告を最適化する手助けをしてくれるのである。

顧客インターフェースにおける人間とマシン

人間とマシンは顧客インターフェースでも協力することができる。通常、チャネルの選定は顧客の階層によって決まる。人間とのインタラクションは対応コストが高いため、一般に有望な見込み客と重要な顧客に適用される。一方、マシンは見込み客を絞り込むためや、高コストの対応をする必要がない顧客と接するために使われる。このように対応のセグメント分けをすることで、企業はコストをコントロールしながら、同時にリスクを管理するのである。

実際、インタラクションのためにAIを利用するのはリスクが高い。マイクロソフトの今では廃止されているチャットボット、テイ（Tay）は、これをよく示している。テイは挑発的なユーザーの攻撃的なツイートから学習して、ツイッターで同様に攻撃的なメッセージを投稿するようになった。そして、お披露目からわずか十六時間後に引退させられた。グーグルも似通った問題を経験している。同社の画像認識アルゴリズムが、ユーザーの黒人の友人たちにゴリラというラベルを付けたのだ。同社はラベルから「ゴリラ」という言葉を完全に除去することでアルゴリズムを修正した。AIの無神経さは、対処すべき最大の脅威の一つである。

コンピューターは予測可能な質問やプログラミングできる作業にしか適さない。セルフサービスの売店やチャットボットなどのソリューションは、基本的な取り引きや質問だけに対処する。だが、人間はもっと幅広い話題により柔軟に対処でき、したがって、相談相手としての役割を果たすことに適している。優れた文脈理解のおかげで、人間は予測できない状況や異常な顧客シナリオに標準対応手順を超えて適応することができる。

たとえばソフトウェア会社のハブスポットは、自社のセールスファネルの最上層から中間層に位置する見込み客を引き付け、育成するために、チャットボットを使っている。しかし、有望な見込み客に対する相談販売には販売部隊を、オンボーディング〈自社のサービスの新たなユーザーになった顧客に対し、そのサービスから得られる満足度を高め、継続的な利用を促すための活動〉のためにはハイタッチのチームを任命している。販売後には、再びチャットボットを使って単純な質問に答えさせている。

何にもまして人間は温かくフレンドリーだ。共感を必要とするいかなる業務についても、人間対人間の繋がりは最善のソリューションを提供する。すでにハイテクの顧客管理ソリューションを導入している企業の中にも、サービスの提供については依然として人間のソーシャル・スキルに頼っているところがある。たとえばマリオットは、Mライブというソーシャル・リスニング・センターを設けている。ソーシャル・リスニング（自社のブランドや製品・サービスの改善に役立てるために、ソーシャル・メディア上の顧客の声を収集、分析すること）によって、マリオット・ホテルのいずれかで逃したチャンス――たとえばハネムーン中のカップル――があったと確認されたら、指令センターが当該ホテルに連絡して、そのカップルをサプライズでお祝いできるようにする。

自動化が何を提供でき、ヒューマンタッチが何を提供できるかを理解することは、優れたオムニ・チャネル顧客体験をデザインするための重要な第一歩である【図7-3】。そして、それは通常どちらか一方を選ぶということではない。企業は「マシンが人間に取って代わる」という考え方を捨てる必要がある。そうしなければ、業務を最適化するという機会を失いかねない。実際のところ、人間とコンピューターは共存して、ほとんどのタッチポイントで互いの強みを生かすべきである。そこで、次のステップでは、協働の力をフル活用するためにカスタマー・ジャーニーの見直しと再設計が必要になる（第11章参照）。

図7-3／マシンと人間の強みを組み合わせる

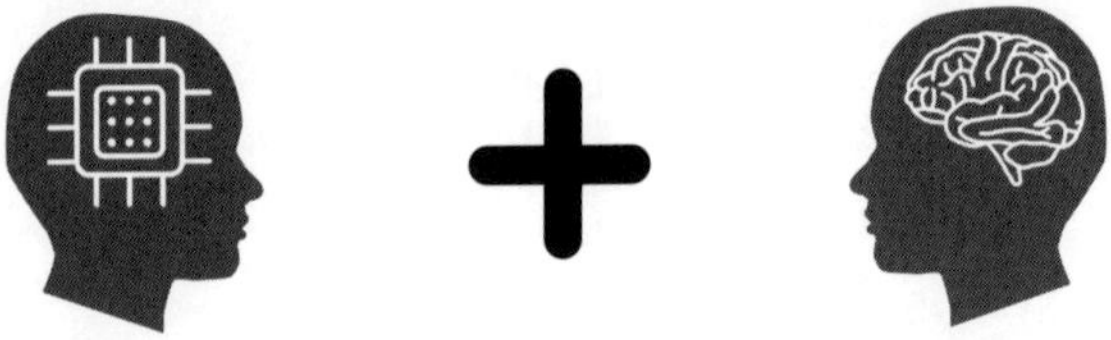

マシン

- データ処理、情報抽出、ナレッジマネジメントを効率的に行うことができる
- 収斂的、構造的思考やパターンの発見に長けている
- 特定のアルゴリズムに従う論理的思考に優れている
- プログラム可能な反復作業を高速かつ大規模に確実に実行することができる

人間

- ノイズの選別排除、知見の抽出、知恵の育成を行うことができる
- 拡散的思考や型破りな解決策を見つけることに長けている
- 共感力を使って、相手の心をとらえる繋がりを築くことに優れている
- 文脈理解や常識的推論が必要な業務に柔軟に対処できる

新しいCXのためにネクスト・テクノロジーを活用する——チェックリスト

スムーズな協働を実現するために、次世代のマーケターはテクノロジー、とりわけマーケティング活動を強化するテクノロジーについて実践的な知識を持たなければならない。マーケターがよく使うテクノロジーは、一括してマーケティング・テクノロジー（マーテック）と呼ばれている。マーテックのもっとも一般的な使用例は、カスタマー・ジャーニーの全行程で七つある。

広告

広告は、対象とするマス・オーディエンスに、さまざまな有料メディアを通じてブランドメッセージを伝える手法である。注意力が乏しい世界では、広告は煩《わずら》わしいとみなされる恐れがある。したがって、広告におけるテクノロジーのもっとも一般的な使用例は、オーディエンス・ターゲティング〈ユーザーの属性情報や行動履歴情報などに基づいて、絞り込んだターゲットに広告を配信する手法〉だ。企業は適切なセグメントを見つけることによって広告の有効性を最適化でき、それはやがて、顧客からみたその広告の重要性を高めるだろう。

テクノロジーはマーケターがオーディエンス・セグメント、すなわちペルソナの正確な描写を生み出す手助けもし、それはよりよい広告制作に繋がる。誰にでも有効な万能の広告などない中で、AIはコピーとビジュアルの組み合わせを変えたさまざまな広告表現を素早く生み出すことができる。ダイナミック・クリエイティブとしても知られるこの手法は、パーソナル化のために欠かせない。

パーソナル化は広告メッセージだけの話ではなく、どのメディアに広告を出すかにも適用される。コンテクスト広告とは、適切な時に適切なメディアに自動的に広告が現れるようにする手法である。たとえば、次に買う車についてレビューサイトで調べているユーザーの画面に、自動車の広告が現れる。広告メッセージがユーザーの現在の関心分野と繋がっているので、こうした広告は通常、反応率が高い（第10章参照）。

最後に、広告におけるテクノロジーのもう一つの重要な応用は、プログラマティック・メディア・バイイングである。プログラマティック・プラットフォームを使うことで、広告主は有料広告枠の買い付けと管理を自動的に行うことができる。プログラマティック広告は自動入札による一括買い付けなので、広告媒体支出を最適化するのに役立つ。

コンテンツ・マーケティング

コンテンツ・マーケティングは近年バズワードになっており、デジタル経済における広告の巧妙な代替として売り込まれている。コンテンツは広告ほど押し付けがましくないとみなされる。強引な売り込みをせずに関心を引き付けるために、コンテンツ・マーケティングは娯楽と教育と刺激を混ぜ合わせたコンテンツを使う。コンテンツ・マーケティングの基本原則は、マーケターがオーディエンスにとって興味深く、重要性があり、しかも有益なコンテンツをデザインできるように、オーディエンス・グループを明確に定義することだ。したがって、コンテンツ・マーケティングでは、オーディエンス・ターゲティングがより一層重要になる。

オーディエンスのニーズや関心を追跡し、分析するためには、分析ツールが助けになる。分析ツールを使うことで、コンテンツ・マーケターはオーディエンスが消費する可能性がもっとも高い記事、ビデオ、インフォグラフィックス、その他のコンテンツを作成し、共有することができる。ＡＩはこの骨の折れる作業の自動化を可能にしてくれる。

予測分析ツールを使うことで、コンテンツ・マーケターは個々のカスタマー・ジャーニーを自分のウェブサイトで予測する。これができれば、既定の流れに基づいて静的コンテンツを見せるのではなく、動的コンテンツを提供することができる。つまり、ウェブサイトの訪問者は、自分の過去の行動や選好によって、それぞれ異なるコンテンツを見ることになる。その結果、顧客は購入へと進むことになる。そうすることで、訪問者から見込み客への、さらには購入者へのコンバージョン率を大幅に高めて、最適なパフォーマンスに繋げることができる。アマゾンやネットフリックスは、ユーザーを望ましい行動により一層近づけるためにパーソナル化されたページを提供している。

ダイレクト・マーケティング

ダイレクト・マーケティングとは、製品・サービスを販売するための、よりターゲットを絞った戦術である。マスメディア広告とは異なり、通常、郵便やEメールなどの伝達手段を使って、販売オファリングを個々人に送る。ほとんどの場合、潜在顧客は販促オファーや最新情報を得ることを期待してダイレクト・マーケティングに同意する〈パーミッション（同意）マーケティングと呼ばれることもある〉。

ダイレクト・マーケティングのメッセージは、迷惑メールと受け取られないよう、親しみを感じさせるものでなくてはならない。したがって、メッセージコピーはAIの助けを借りて特定の人物に合わせて作成する必要がある。しかし、ダイレクト・マーケティングのもっとも重要な使用例は、eコマースでは当たり前になっている製品推奨システムだろう。マーケターは推奨エンジンを使うことで、顧客はどの製品を買う可能性がもっとも高いかを過去の履歴に基づいて予測し、それに応じてオファーを作り出すことができる。オファーのパーソナル化が不可欠で、しかも量が膨大になる可能性があるため、ダイレクト・マーケティングでは自動ワークフローの利用が欠かせない。

また、オファーには必ず具体的な行動の呼びかけが含まれているので、キャンペーンの成功はコンバージョン率を分析することによって予測も測定もできる。したがって、テクノロジーの利用は、予測とキャンペーンの分析のためにも有益となる。反応を絶えず追跡することで、アルゴリズムは時間とともに改善されていく。

セールスCRM（顧客リレーションシップ管理）

販売部門において、自動化技術は大幅なコスト削減を実現できるだけでなく、大規模化に乗り出すことも可能にする。見込み客の管理業務の一部、とりわけファネルの最上層の管理はチャットボットに委譲《いじょう》できる。チャットボットの場合、見込み客の攻略は、会話形式であまり堅苦しくないものにすることができる。見込み客の絞り込みはプログラム可能であり、この点からも、チャットボットがこの業務を引き継ぐのは理想的だ。高度なチャットボットの中には、見込み客の質問に答え、文脈的に関連のある情報を如才《じょさい》なく提供することによって、見込み客の育成業務——すなわちセールスファネルの中間部分――を自動化できるものもある。

マーケティング・テクノロジーは、取引管理の分野でも導入が進んでいる。業界や業種を問わず、販売員は非販売活動や管理業務にかなりの時間を費す。セールスCRMを利用すれば、接触履歴や販売機会を含む取引情報を自動的に整理することができ、販売員は実際の販売活動に集中できる。見込み客管理の過程で集められた大量のデータは、人間の販売員に商談を前進させるための適切な情報を提供するだろう。

多くの企業にとって、予測にも問題がある。ほとんどの販売員が個々の見込み客を直観に頼って評価しているからである。問題は、それぞれの販売員の直観が質的に異なっており、そのため全体的な予測が欠陥のあるものになることだ。予測分析ツールは販売員がより正確な予測をすることを可能にし、彼らが販売機会の優先順位を適切に付けられるようにする。

流通チャネル

ネクスト・テクノロジーは、流通チャネルを強化するためにもさまざまな形で使われている。もっとも一般的なのは、とりわけCOVID－19パンデミックの発生後、小売企業の現場における非接触のインタラクションのために使われている例だ。コスト削減を別にしても、銀行取引、食品の注文取り、空港のチェックインなどの単純なインタラクションには、セルフサービス・インターフェースや接客ロボットのほうが好ましい。パンデミックの発生は、ドローンによる配達も軌道に乗せるかもしれない。中国のJDドットコムは、ロックダウン中に遠隔地への製品配送をドローンで行った世界初の企業になった。

先進技術は摩擦のない顧客体験を確実に実現することができる。小売企業はセンサーも、他業種の企業に先駆けて試し始めている。実店舗のプレゼンスを拡大し続けているアマゾンは、ホールフーズの一部店舗に生体認証決済システムを試験的に導入した。中国では、小売店での支払いを、アリペイかウィーチャットペイにリンクされた顔認証機器を備えたレジの前でポーズをとることで済ませることができる。

モノのインターネット（IoT）の使用も次第に普及している。センサーを備えたスマートストアでは、来店客の動きを分析でき、したがって実際のカスタマー・ジャーニーを簡単にマッピングできる。それによって、小売企業はよりよい顧客体験のために店舗のレイアウトを調整できる。IoTの使用によって、小売企業は個々の顧客が特定の時間にどこにいるかを正確に把握することもでき、あらゆる通路や陳列棚でロケーションベースのマーケティングを行うことができる。

また、流通チャネル企業がネクスト・テクノロジーを組み合わせて使うことで、顧客は購入前にバーチャル体験をすることができる。たとえば拡張現実（AR）と音声検索は、サムズクラブで製品特性の紹介や店内案内のために使われてきた。仮想現実（VR）は、顧客が店舗に行かなくても店内を見て回ることを可能にする。たとえばプラダはパンデミックの間に、高級ブランドとしては初めてVRによる店舗体験を導入した。

製品・サービス

マーケティング・テクノロジーは顧客とのインタラクションの強化だけでなく、中核的な製品・サービスの強化にも役立つ。オンライン・ショッピングやパーソナル化に向かうトレンドは、マス・カスタム化と共創というコンセプトをもたらす。誰もが自分のためにカスタムメイドされた製品、つまり自分のイニシャルが付いており、自分で選んだ色の、自分の身体に合うサイズの製品を欲しがる。ジレットからリーバイスやメルセデス・ベンツまで、企業はカスタム化のオプションを提示することで製品ラインナップを拡大している。

膨大なカスタム化の可能性に合わせて、ダイナミック・プライシングも導入されるだろう。サービス事業では、カスタム価格設定の役割はさらに明白だ。保険会社は個々の顧客のニーズに合う補償を選択できるオプションを提供しており、選択結果は価格、すなわち保険料に反映される。航空会社は現在の需要レベルや路線の競争状況といった一般的な情報だけでなく、個々の旅行者の顧客生涯価値など、いくつもの変数に基づいて価格を決定するかもしれない。テクノロジーは、企業向けソフトウェアや自動車など、かつては高額だった製品について、「エブリシング・アズ・ア・サービス」というビジネスモデルを採用することも可能にする。

予測分析ツールは製品開発にも利用できる。企業は現在の開発計画のリスクを評価し、市場受容性を推定することができる。たとえばペプシコは、ブラックスワン社の分析ツールを利用して、飲料に関する会話のトレンドを分析し、開発中のどの製品が成功の可能性がもっとも高いかを予測している（第9章参照）。

サービスCRM（顧客リレーションシップ管理）

チャットボットはセールスファネルの管理のためだけでなく、顧客サービス部門への質問に対応するためにも広く使われている。チャットボットを使うことで、二十四時間年中無休で顧客サービス部門へのアクセスを可能とし、一般的な回答を即座に提示することができる。これはデジタル世界では極めて重要だ。チャットボットの利用は、ウェブサイト、ソーシャル・メディア、モバイル・アプリなど、複数のチャネルの一貫性と統一性を高めるためにも役立つ。しかし、もっとも重要な点は、チャットボットは顧客サービス担当者の単純な業務処理の負荷を軽減することである。

より複雑な質問については、チャットボットは顧客サービス担当者にシームレスに引き渡すことができる。CRMデータベースとの統合は、顧客サービス担当者の成績を大幅に向上させることができる。担当者は過去のインタラクションや他の関連情報を簡単に参照できるので、それを踏まえた上で顧客の問題にとって最善の解決策を判断できるからだ。

もう一つの重要な使用例は、顧客離脱の予測に関係している。企業はソーシャル・リスニングを使って、顧客の感情をオンラインで追跡、評価してきた。しかし、ソーシャル・リスニング・プラットフォームに組み込まれている予測分析エンジンを用いれば、顧客離脱の可能性を予測し、それを防ぐこともできる。

企業がマーケティング・テクノロジーを最大限に活用しなければならないことに疑問の余地はない。だが、企業のリーダーにとって最大の問いは、どの技術の実施をどのようにして決定すればよいかだ。必ずしもすべてのテクノロジーが企業戦略に合致するわけではないからである。次の課題は、さまざまな使用例をシームレスで摩擦のない顧客体験に統合することである【図7-4】。一つ確かなことは、テクノロジーの利用によって、マーケターはマーケティングの科学の部分をマシンに任せて、アートに集中できるということだ。

図7-4／新しい顧客体験におけるマーケティング・テクノロジーの使用例

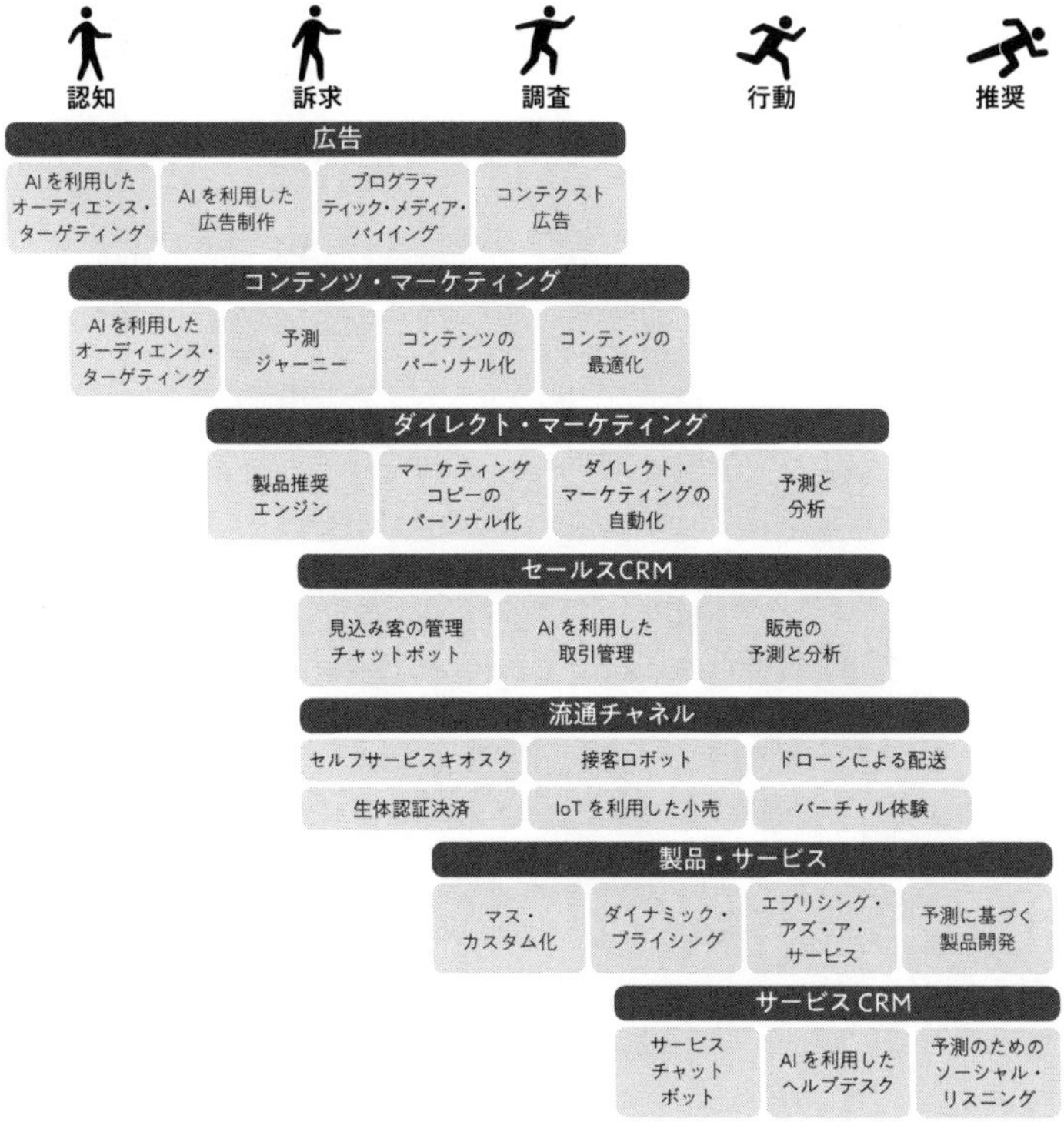
認知
訴求
調査
行動
推奨
広告
AIを利用したオーディエンス・ターゲティング
AIを利用した広告制作
プログラマティック・メディア・バイイング
コンテクスト広告
コンテンツ・マーケティング
AIを利用したオーディエンス・ターゲティング
予測ジャーニー
コンテンツのパーソナル化
コンテンツの最適化
ダイレクト・マーケティング
製品推奨エンジン
マーケティングコピーのパーソナル化
ダイレクト・マーケティングの自動化
予測と分析
セールスCRM
見込み客の管理チャットボット
AIを利用した取引管理
販売の予測と分析
流通チャネル
セルフサービスキオスク
接客ロボット
ドローンによる配送
生体認証決済
IoTを利用した小売
バーチャル体験
製品・サービス
マス・カスタム化
ダイナミック・プライシング
エブリシング・アズ・ア・サービス
予測に基づく製品開発
サービスCRM
サービスチャットボット
AIを利用したヘルプデスク
予測のためのソーシャル・リスニング

まとめ──マシンはクールだが人間は温かい

顧客体験は競争の激しい市場を制する新しい方法だ。かつては周辺部にあったインタラクティブな体験や没入型の体験が、今では中核的な製品・サービスより重要になっている。認知から推奨までのすべてのタッチポイントで感動的な優れたCXを生み出すためには、先進技術を活用することが不可欠である。

マーケティングにおけるネクスト・テクノロジーの使用例は、広告、コンテンツ・マーケティング、ダイレクト・マーケティング、セールスCRM、流通チャネル、製品・サービス、サービスCRMという七つのタッチポイントに及んでいる。テクノロジーは第一に、データを分析して特定のターゲット市場に関する知見を見つけ出すのに役立つ。広告枠の購入や価格設定も、マーケティング・テクノロジーの有効性が実証されている分野である。AIの予測能力は、販売予測、製品推奨、顧客離脱の予測に力を発揮する。AIによってマーケターは、製品・サービスを大規模かつ迅速にパーソナライズすることもできる。

しかし、ヒューマンタッチの役割は決して見過ごされてはならない。ヒューマンタッチはテクノロジーが提供するスピードと効率に対して、知恵と柔軟性と共感をもたらしてくれるからだ。自動化による知見への未曾有のアクセスと時間節約のおかげで、マーケターは自らの創造性を高めることができる。プログラム可能なワークフローについてはマシンのほうが信頼できるが、直観と常識を備えた人間はマシンよりはるかに柔軟である。だが、もっとも重要な点は、心からの繋がりを築くことに関して、マシンは絶対に人間に取って代わることができないということである。

考えるべき問い

▼

- □自社のカスタマー・ジャーニーマップを作成しよう。自分の経験に基づくと、もっとも重要なタッチポイントは何か?
- □マーケティング・テクノロジーは、もっとも重要なタッチポイントにどのような改善をもたらすことができるか? 自分はそれをどのように実行するつもりか?

第4部

マーケティング・テクノロジー活用の新戦術

NEW TACTICS LEVERAGING MARKETING TECH

第8章

データドリブン・マーケティング

よりよいターゲティングのために
データエコシステムを構築する

DATA-DRIVEN MARKETING

二〇一二年、小売大手のターゲット(Target)がティーンエイジャーの妊娠を予測していることについて、チャールズ・デュヒッグが『ニューヨーク・タイムズ・マガジン』で紹介した。この記事は大きな反響を呼んだ。十代の娘を持つデュヒッグは、自分の娘にターゲットからベビー用品の販促クーポンが送られてきたことを知って憤慨した。ターゲットは娘に妊娠を勧めていると彼は思ったからだ。ところが、娘と話をしてみると、娘は本当に妊娠していたのだった。

この出来事の一年前、ターゲットは女性の顧客が購入した品物によって、その顧客が妊娠している可能性を予測するアルゴリズムを構築していた。一人ひとりの買い物客にそれぞれIDを付け、それをあらゆる人口統計学的情報や買い物履歴と結び付けていた。ビッグデータ分析によって、実際に妊娠している女性の明確な消費パターンが明らかになっていたので、ターゲットはその情報を消費者の将来の買い物を予測するために使うことができた。同社は買い物の時期に基づいて出産予定日を予測しようとさえしていた。これらすべての努力が、誰に、どのクーポンを、いつ送るかを決めるために役立っていたのである。

この話は、企業がより詳しい情報に基づいて決定を下すために、データエコシステムを活用している興味深い例だ。データドリブン・マーケティング、すなわちデータに基づくマーケティングは、マーケティング5・0を実行する第一歩である。分析エンジンを持つことで、ブランドは潜在顧客が次に何を買う可能性が高いかを過去の購入に基づいて予測できる。それによって、パーソナライズされたオファーを送ったり、カスタムキャンペーンを行ったりすることができる。今日のデジタル・インフラは、少数の市場セグメントに対してだけでなく顧客一人ひとりに対しても、そのようなことを行えるのである。

マーケターは二十年以上前から、真にパーソナライズされたマーケティングを生み出せる能力を持ちたいと夢見てきた。ドン・ペパーズとマーサ・ロジャーズが提唱したワン・トゥ・ワン・マーケティングは、誰もが強く憧れる手法である。「セグメント・オブ・ワン」は、究極のセグメンテーションとみなされており、マーケティングにおけるデジタル技術の導入は、詰まるところこれを可能にしてくれる。

セグメント・オブ・ワン

市場は均一ではなく、どの顧客もそれぞれ唯一無二である。それゆえ、マーケティングは常にセグメンテーションとターゲティングから始まる。企業は市場理解に基づいて、市場を獲得するための戦略や戦術を設計する。セグメンテーションが細かければ細かいほど、マーケティング手法は共感を呼ぶだろうが、実行は難しくなる。

セグメンテーションという手法そのものは、一九五〇年代に概念化されて以来、進化を続けてきた。市場をセグメント分けするには四つの方法がある。地理的変数、人口統計学的変数、心理的変数、行動変数のそれぞれを分類基準とするものだ。

セグメンテーションの四つの方法

マーケターは必ず地理的セグメンテーションから始める。これは市場を国、地域、都市、地区などによって分けることである。地理的セグメントが広すぎることに気づいた場合は、年齢、性別、職業、社会経済階層などの人口統計学的変数を追加する。「イリノイ州在住の若い中流階層の女性」とか、「ニューヨークの裕福なベビーブーム世代」などは、地理的変数と人口統計学的変数によって分けられたセグメント名の例だ。

地理的変数や人口統計学的変数によるセグメンテーションはトップダウン〈全体から細部に向かう分け方〉であり、したがって極めて理解しやすい。さらに重要なことに、実行しやすい。セグメントをどこで見つけ、どのように識別すればよいかを企業は心得ている。ところが、このセグメント分けにはあまり意味がない。同じ人口統計学的プロフィールを持ち、同じ地区に住んでいる人でも、異なる購入選好を持ち、異なる購入行動をとる可能性があるからだ。そのうえ、このセグメント分けは比較的静的である。つまり、一人の顧客をすべての製品に関して一つのセグメントにしか分類できない。実際には、顧客の意思決定ジャーニーは製品カテゴリーやライフサイクルによって異なっている。

市場調査が広く用いられるようになる中で、マーケターはよりボトムアップの手法〈細部から全体に向かう分け方〉を使うようになっている。市場を分けるのではなく、質問に対する回答に基づいて、似通った選好や行動を持つ顧客をグループ化するのである。ボトムアップであるにもかかわらず、グループ化は漏れがなく、対象集団内のあらゆる顧客がどこかのセグメントに入る。よく知られた手法には、心理的セグメンテーションと行動セグメンテーションがある。

心理的セグメンテーションでは、顧客は関心や意欲はもちろん個人的信念や価値観などに基づいてグループ分けされる。その結果生まれるセグメントの名称は、「ソーシャルクライマー」や「体験者」で、通常、説明するまでもなく明らかである。「品質重視」や「コスト意識」などのように、特定の製品特性やサービス特性に対する態度を明らかにする心理的セグメントもある。心理的セグメンテーションは購買行動の優れた代理指標を提供する。人間の価値観や態度は、人々の意思決定の推進要因となっている。

さらに正確な手法が、過去の実際の行動に基づいて遡及《そきゅう》的に顧客をグループ分けする行動セグメンテーションだ。行動セグメントには、「フリークエントフライヤー」や「トップスペンダー」など、購買の頻度や額を表す名称が含まれるかもしれない。「ロイヤルファン」「ブランド・スイッチャー」「ファーストタイムバイヤー」などの名称で、顧客のロイヤルティやインタラクションの深さを示すこともできる。

心理的変数や行動変数によって分けられたセグメントは、それぞれ異なるニーズを持つ顧客集団を正確に表しているので、この手法は大いに意味がある。この手法をとることで、マーケターはそれぞれの集団に合わせて戦略を調整できる。しかし、心理的セグメンテーションと行動セグメンテーションは、前の二つの手法ほど実用的ではない。「アドベンチャーアディクト」や「バーゲンハンター」などの名称を付けられたセグメントは、広告表現をデザインするために、すなわちプル型マーケティングのために役立つが、プッシュ型マーケティングでは、販売員や他の現場スタッフが顧客に対面したとき、これらのセグメントを識別するのは難しい。

セグメンテーションはトップダウンであると同時にボトムアップでもあるべきだ。つまり、意味があり、しかも実用的でなければならない。したがって、四つの変数、すなわち地理、人口統計、心理、行動のすべてを併用するとよい。心理的変数と行動変数に基づくセグメンテーションによって、マーケターは顧客を意味のあるグループに分けることができる。その後、それを実用的なものとするために、それぞれのセグメントに地理的、人口統計学的プロフィールを追加すればよいのである。

ペルソナを生み出す

四つの変数すべてによって示された顧客セグメントの短い架空の描写は、「ペルソナ」と呼ばれている。ペルソナの例を挙げてみよう。

ジョンは十五年の経験を持つ四十歳のデジタル・マーケティング・マネジャーで、現在、大手消費財メーカーで働いている。彼はデジタル・メディアを利用するマーケティング・キャンペーン全体の設計、開発、実行に責任を有しており、マーケティング・ディレクターに報告義務を負っている。

マーケティング・ディレクターはジョンのパフォーマンスを、eコマース・チャネルにおける総合的なブランド認知とオンライン・コンバージョン率によって評価する。ジョンは評価基準に基づくパフォーマンス向上のために努力していることに加えて、コスト意識も極めて高く、デジタル・マーケティング支出はできるかぎり効率的でなければならないと思っている。

あらゆることに対処するために、ジョンは部下とはもちろん、デジタル・マーケティング代理店とも協力している。彼の部下は五人おり、それぞれ異なるメディア・チャネルを担当して

図 **8-1**／セグメント・オブ・ワンの顧客プロファイリング

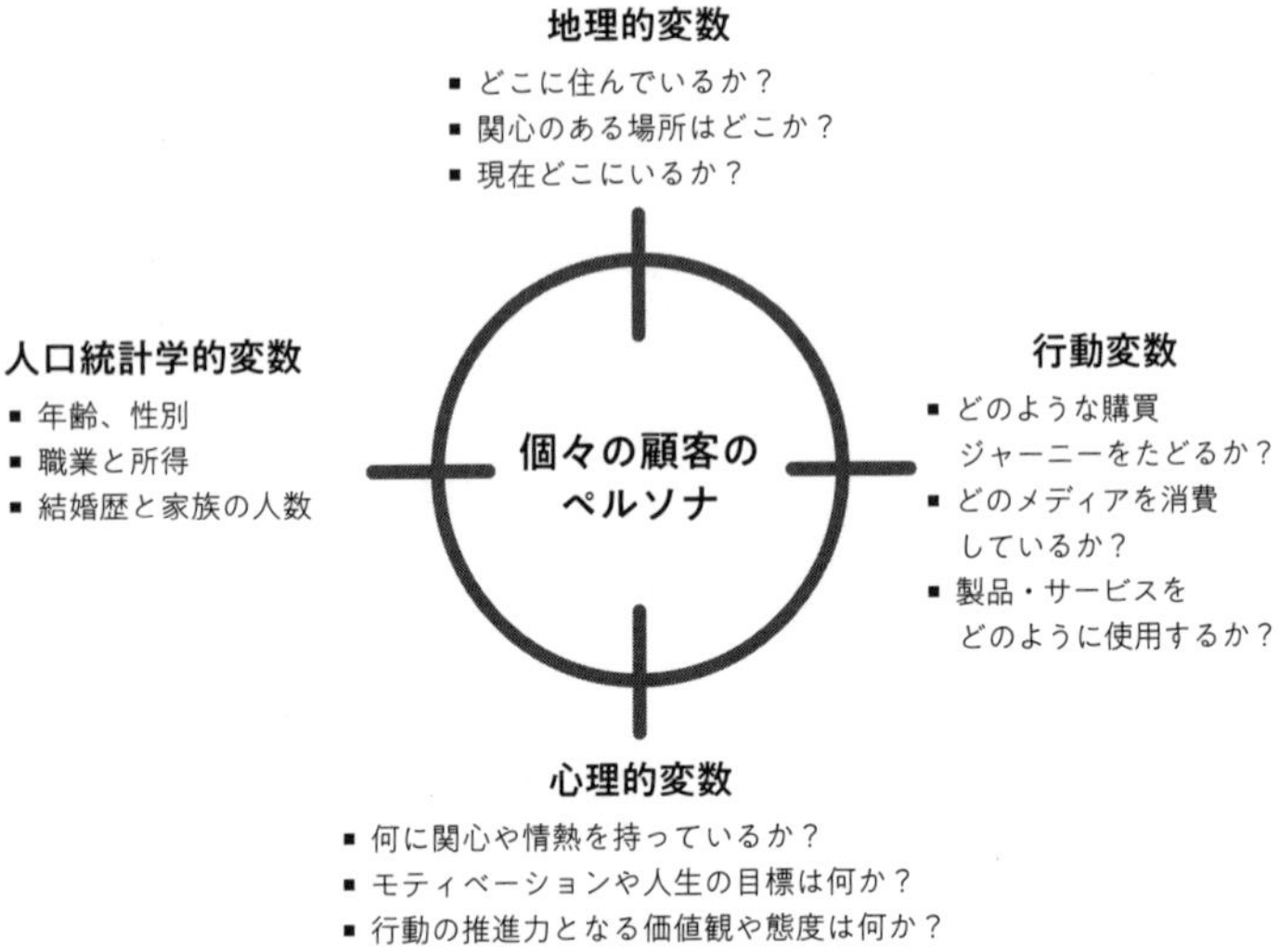
地理的変数
■ どこに住んでいるか？
■ 関心のある場所はどこか？
■ 現在どこにいるか？
人口統計学的変数
■ 年齢、性別
■ 職業と所得
■ 結婚歴と家族の人数
個々の顧客のペルソナ
行動変数
■ どのような購買ジャーニーをたどるか？
■ どのメディアを消費しているか？
■ 製品・サービスをどのように使用するか？
心理的変数
■ 何に関心や情熱を持っているか？
■ モティベーションや人生の目標は何か？
■ 行動の推進力となる価値観や態度は何か？

いる。ジョンはウェブサイトの管理を手助けしてくれるSEO〈検索エンジン最適化〉代理店に加えて、コンテンツ・マーケティングを手助けしてくれるソーシャル・メディア代理店とも契約している。

このペルソナは、新規のクライアントを獲得しようとしているデジタル・マーケティング代理店やデジタル・マーケティング自動化ソフトウェア会社にとって役立つ可能性がある。架空の見込み客のプロフィールと、もっとも重要な点として、その見込み客にとって何が重要かを明確に述べているからである。したがって、このペルソナは適切なマーケティング戦略を設計する上で有益となるだろう。

顧客のセグメンテーションとプロファイリングは、これまでマーケターにとって絶対に必要なことだった。しかし、ビッグデータの登場は、マーケターが新しいタイプの市場データを集めてマイクロ・セグメンテーションを行う新しい可能性を切り開いた【図8-1】。顧客データベースと市場調査は、もはや顧客情報の唯一の源泉ではない。メディアデータ、ソーシャルデータ、ウェブデータ、POSデータ、IoTデータ、それにエンゲージメントデータは、すべて顧客のプロフィールを強化してくれる。企業にとっての課題は、これらすべてのデータを統合するデータエコシステムを構築することである。

データエコシステムが構築されると、マーケターは現行のセグメンテーション慣行を二つの点で強化できる。

1. ビッグデータはマーケターに市場を最小単位、すなわち個々の顧客にセグメント化する力を与える。マーケターは事実上、一人ひとりの顧客について本物のペルソナを作成できる。企業はそれに基づいて、自社のオファリングやキャンペーンをそれぞれの顧客に合わせて調整し、ワン・トゥ・ワン・マーケティング、すなわちセグメント・オブ・ワン・マーケティングを実行することができる。また、コンピューターの途方もない処理能力のおかげで、ペルソナをどれほど詳細にできるか、何人の顧客のプロファイリングを行えるか、における限界はない。

2. セグメンテーションはビッグデータの利用でよりダイナミックになり、それによってマーケターは臨機応変に戦略を変えることができる。顧客が文脈の違いによってあるセグメントから別のセグメントに移行すれば、それをリアルタイムで追跡することができる。たとえば航空機の利用者は、ビジネス旅行ではビジネスクラスの座席を好み、レジャー旅行ではエコノミークラスを選ぶかもしれない。マーケティングの介入によって、ブランド・スイッチャーをロイヤル・カスタマーに移行させられたかどうかも追跡することができる。

強化できる点はあるものの、従来のセグメンテーションは依然として有用であることを忘れてはならない。従来のセグメンテーションは単純な市場理解を容易にする。顧客集団に説明的なラベルを貼ることは、マーケターが市場を理解する上で助けになる。しかし、セグメント・オブ・ワンがたくさんありすぎると、そうした理解は難しくなる。人間の処理能力はコンピューターほど強力ではないからだ。理解しやすいラベルを貼ることは、組織内の人々を全体的なブランド・ビジョンに向けて結集させるためにも役立つ。

データドリブン・マーケティングを構築する

卓越したマーケティングは、通常、市場に関する卓越した知見から生まれる。マーケターは競合他社が持っていない情報を見つけ出すために、市場調査の方法を過去数十年の間に完成させてきた。質的調査と量的調査の実施は、あらゆるマーケターにとって、マーケティング計画サイクルを開始する前にやるべきことになっている。

過去十年の間、マーケターはよりよい顧客リレーションシップ管理(CRM)を円滑にするために、強力な顧客データベースの構築作業に熱心に取り組んできた。ビッグデータを利用できるようになったことが、データドリブン・マーケティングの登場に繋がった。マーケターたちは、大量のデータの下に隠れているのは、マーケティングをかつてないほど強力にする力を自分たちに与えてくれるリアルタイムの知見だと確信している。また、市場調査と市場分析から得られる別々の情報を統合データ管理プラットフォームにまとめる方法を知りたいと思うようになった。

有望な手法であるにもかかわらず、データドリブン・マーケティングを行う最善の方法を理解している企業は多くない。ほとんどの企業が、巨額の技術投資を行ったものの、データエコシステムのメリットをまだ完全には享受していない。データドリブン・マーケティングの実践が失敗に終わるおもな理由は三つある。

1. 企業は往々にしてデータドリブン・マーケティングをITプロジェクトとみなす。開始するにあたって、ソフトウェアツールの選定やインフラ投資やデータ科学者の採用に重点を置きすぎる。データドリブン・マーケティングはマーケティング・プロジェクトでなくてはならない。ITインフラはマーケティング戦略に従うのであって、その逆ではない。マーケターは単なるプロジェクトの支持者ではなく、データドリブン・マーケティングのプロセス全体を決定し、設計する人物でなくてはならない。多くのマーケットリサーチャーが思っているように、データの量が増えたからといって、それは必ずしもよりよい知見が得られるということではない。重要なのは、明確なマーケティング目的を持つことによって、情報の海の中で何を探すべきかを理解することである。

2. ビッグデータ分析ツールは往々にして、あらゆるカスタマー・インサイト〈購買行動や消費活動の背景にある意識や動機〉を解明し、マーケティングのあらゆる問題を解決する決め手とみなされる。ビッグデータは従来の市場調査方法、とりわけエスノグラフィ調査、ユーザビリティ・テスト〈システムやサービスの使いやすさの程度を、対象ユーザーに実際にプロトタイプを使ってもらって調べること〉、試食調査などのハイタッチな方法の代わりになるものではない。それどころか、ビッグデータと市場調査は、互いに補完し合い、強化し合うべきである。データドリブン・マーケティングには両方が必要なのだ。市場調査は具体的な目的のために定期的に実施される。それに対し、ビッグデータは実行中のマーケティングをよりよくするためにリアルタイムで収集、分析される。

3. ビッグデータ分析システムは自動化が見込まれているので、企業は、いったん構築されたら自動的に分析してくれると思っている。マーケターがアルゴリズムと呼ばれるブラックボックスに大量のデータセットを注ぎ込むと、彼らの問いに対する答えが即座に出てくると期待されている。実際には、データドリブン・マーケティングでは、マーケターはまだ多くの作業を行う必要がある。また、マシンは人間が気づけないデータのパターンに気づくことはできるが、それらのパターンをフィルターにかけ、解釈するためには、経験と文脈知識を持つマーケターが必ず必要である。さらに重要な点として、知見を実際に生かすためには、コンピューターの助けを借りるとはいえ、新しいオファーやキャンペーンを設計するマーケターが求められる。

ステップ1 データドリブン・マーケティングの目的を決定する

明確な目的を有するプロジェクトであれば、プロジェクトの開始はとても簡単なように思える。だが、データドリブン・マーケティングのプロジェクトは、目的を後付けにして開始されることが多い。そのうえ、ほとんどのプロジェクトが野心的になりすぎる。マーケターが何もかも一度に達成したいと思うからだ。その結果、プロジェクトは複雑になりすぎ、実績を上げるのが難しくなって、企業はやがてあきらめる。

データドリブン・マーケティングの使用例は実にたくさんあり、範囲も広い。ビッグデータを活用することで、マーケターは新しい製品・サービスのアイデアを見つけたり、市場の需要を予測したりできる。カスタム化された製品・サービスを生み出したり、顧客体験（CX）をパーソナライズしたりする上でも有効だ。適切な価格設定をしたり、ダイナミック・プライシング・モデルを構築したりするためにも、データドリブンのアプローチは必要である。

ビッグデータはマーケターが何をオファーするべきかを決定する助けになるだけでなく、どのようにして提供するべきかを決定するのにも役立つ。マーケティング・コミュニケーションでは、オーディエンスのターゲティング・コンテンツの制作、それにメディアの選定のためにビッグデータが利用される。ビッグデータはまた、チャネルの選定や見込み客リストの作成など、プッシュ型マ

図8-2／データドリブン・マーケティングの目的の例

「何をオファーするべきか」	「どのようにオファーするべきか」
・適切なオーディエンスをターゲットにし、その居場所を特定する ・適切なマーケティング･メッセージとマーケティング･コンテンツを決定する ・コミュニケーションのための適切なメディアミックスを選定する ・市場に出すチャネルミックスを選定する ・見込み客を見出し、育成するために顧客のプロファイリングを行う ・顧客サービスの階層を設計する ・潜在的な不満や顧客離脱を見つけ出す	・新しい製品・サービスのアイデアを見つける ・製品・サービスに対する市場の需要を推定する ・次の購入を推奨する ・カスタム製品やカスタムサービスを生み出す ・顧客体験（CX）をパーソナライズする ・新製品のために適切な価格設定方法を決定する ・ダイナミック・プライシングを可能にする

ーケティングにも役立つ。アフターサービスや顧客維持のためにデータが活用されることも多い。顧客の離反の予測やサービスリカバリー措置の決定においても、データは有効である。

使用例がたくさんあるにもかかわらず、データドリブン・マーケティングに取り組む際は、一つか二つの目的に絞ることが極めて重要だ。人間は生まれつき、自分が理解していないことに対しては警戒心を抱くものだ。データドリブン・マーケティングの専門的な事柄は、組織の上から下まで全員にとって威圧感のある未知のことかもしれない。

絞り込んだ目的は幅広い目的より伝えやすく、したがって組織内の人々、とりわけ懐疑的な人々を結集させる助けになる。さまざまな部署を連携させ、深いコミットメントを引き出し、説明責任を確保する助けになる。さらに、マーケターにもっとも効果的な成果の達成方法について考えさせ、それに対する自らの取り組みに優先順位を付けさせる効果もある。マーケターがもっともインパクトの大きい目的を選べば、企業は意味のある成果を迅速に達成でき、したがって、組織内の人々から早期に同意を得ることができる。

明確な目的を設定することで、データドリブン・マーケティング戦略は測定可能で説明可能な戦略になる【図8-2】。データ分析から生み出される知見も、より実用的なものになり、マーケティングを改善するための具体的な取り組みに繋がるはずである。

ステップ2　必要なデータを特定し、それらのデータが入手可能か否かを確認する

デジタル時代の今日、データの量は爆発的に増加している。粒度が細かくなっているだけでなく、種類も拡大している。しかし、必ずしもすべてのデータが重要なわけでも、意味があるわけでもない。企業は、目的を絞り込んだら、収集、分析すべき適切なデータを特定する作業を始めなければならない。

ビッグデータには万能な分類方法はない。だが、実用的な方法の一つは、データソースによって分類することである。

1. ソーシャルデータ。位置情報、人口統計学的プロフィール、関心など、ソーシャル・メディアのユーザーがシェアしているすべての情報を含む

2. メディアデータ。テレビ、ラジオ、印刷媒体、映画など、従来型メディアのオーディエンス測定を含む

3. ウェブトラフィックデータ。ページビュー、検索、購入など、ウェブサイトを閲覧するユーザーによって生成されたすべてのログを含む

4. POS取引データ。店舗、金額、クレジットカード情報、購入品目、タイミング、場合によっては顧客IDなど、顧客によって行われたすべての取り引き記録を含む

5. IoTデータ。位置情報、気温、湿度、他のデバイスの近接度、バイタルサインなど、接続されたデバイスやセンサーによって収集されたすべての情報を含む

6. エンゲージメントデータ。コールセンターのデータ、Eメールのやり取り、チャットデータなど、企業が顧客と直接接触するすべてのタッチポイントのデータを含む

マーケターは、事前に決定した目的を達成するために、取得しなければならないあらゆるデータを記載したデータ収集計画を作成する必要がある。データマトリックスは、目的に照らして必要な

図 8-3／データマトリックスのフレームワーク

目的	必要な分析	データソース					
		ソーシャルデータ	メディアデータ	ウェブデータ	POSデータ	IoTデータ	エンゲージメントデータ
マーケティング・コミュニケーションのために適切なメディアミックスを選ぶ	オーディエンスのプロファイリングとターゲティング	×	×	×	×	×	×
	カスタマー・ジャーニーのマッピング	×	×	×	×	×	×
	コンテンツ分析	×		×			
	メディア利用習慣	×	×	×			
	インバウンドマーケティングの有効性	×		×	×		×

≫ データの三角測量

≫ 分析の焦点板

データをマッピングする有効なツールである。データマトリックスを横に見ると、マーケターはその目的を達成するのに十分なデータがそろっているかどうかを判定できる。有効な知見を得るためには、データの三角測量、すなわち理解の収斂に寄与する複数のデータソースを持つことが必要だ。データマトリックスを縦に見ると、マーケターがそれぞれのデータソースからどのような情報を抽出する必要があるかを理解する助けになる【図8-3】。

先ほど挙げた六種類のデータのうち、取引データやエンゲージメントデータは社内のデータであり、マーケターにとって入手可能である。だが、必ずしもすべての社内データがすぐに使えるわけではない。記録がどれくらい適切に整理され、管理されているかによって、データクレンジングが必要な場合がある。データクレンジングには、不正確なデータセットの修正、重複データの統合、不完全な記録の処理などが含まれる。

ソーシャルデータやメディアデータなどは社外のデータであり、第三者からの提供によって取得しなければならない。供給業者、流通企業、小売企業、アウトソーシング企業など、バリューチェーンにおけるパートナーから得られるデータもある。

ステップ3 統合データエコシステムを構築する

ほとんどのデータドリブン・マーケティング構想は、特定目的のためのアジャイル・プロジェクトとして始まる。だが、長期的には、データドリブン・マーケティングは常時行われる活動でなければならない。データ収集活動が維持され、データが絶えず更新されるようにするために、企業は社外・社内のすべてのデータを統合するデータエコシステムを構築しなければならない。

データ統合の最大の課題は、すべてのデータソースの共通項を見つけることだ。もっとも理想的なのは、個々の顧客レベルでデータを統合して、セグメント・オブ・ワン・マーケティングを可能にすることである。優れた記録管理慣行を持つ企業は、顧客に関するあらゆるデータセットが必ず固有の顧客ＩＤに結びつくようになっている。

社内のデータソースについては簡単だが、社外のデータに顧客ＩＤを使うのは可能ではあるが難しい。たとえば、ソーシャルデータは、顧客がグーグルやフェイスブックなど、ソーシャル・メディアの自分のアカウントを使ってｅコマースのウェブサイトにログインする場合には、顧客ＩＤや購入データと統合することができる。データ統合のもう一つの例は、顧客ロイヤルティ・アプリを使ってスマート・ビーコン・センサーに接続することだ。携帯電話を持ち歩いている顧客が、たとえば小売店の通路でセンサーの近くに来たときは必ず、センサーがその顧客の動きを記録する。これは物理的な位置情報としてカスタマー・ジャーニーを追跡するのに役立つだろう。

だが、あらゆる情報を個々の顧客ＩＤに結び付けるのは、主としてプライバシーに関する懸念から、不可能な場合がある。妥協策は、特定の人口統計学的変数を共通項として使うことである。たとえば、「十八歳から三十四歳までの男性の顧客」というセグメント名は、特定の人口統計学的集団に関するあらゆるデータソースからの情報を統合するための固有ＩＤになりうる。

あらゆるダイナミックなデータセットを、単一のデータ管理プラットフォームに保管することが肝要だ。そうすれば、マーケターはデータを総合的に捕捉、保存、管理、分析することができる。新しい目的を持つ新しいデータドリブン・マーケティング・プロジェクトは、すべて同じプラットフォームを使い、より豊かなデータエコシステムを構築できるようにするとよい。それは企業が機械学習を使って分析を自動化することにした場合に役立つはずである。

まとめ――よりよいターゲティングのためにデータエコシステムを構築する

ビッグデータの登場は、マーケット・セグメンテーションとターゲティングの様相を一変させた。顧客データの幅広さと深さは爆発的に拡大している。ソーシャルデータ、メディアデータ、ウェブトラフィックデータ、POS取引データ、IoTデータ、エンゲージメントデータはすべて、個々の顧客の豊かなプロフィールを構成することができ、マーケターがセグメント・オブ・ワン・マーケティングを行うことを可能にする。

デジタル時代には、問題はデータの不足ではなく、重要なデータをどのように特定するかである。それゆえ、データドリブン・マーケティングは必ず、具体的な目的を定めることからスタートしなければならない。マーケターは目的に基づいて、関連性のあるデータセットを取得し、それらのデータセットを分析ツール、すなわち機械学習エンジンに接続されたデータ管理プラットフォームに統合する。その結果から得られる知見によって、マーケターはより鮮烈なマーケティング・オファーやマーケティング・キャンペーンを生み出すことができる。

しかしながら、データドリブン・マーケティングは、決してITプロジェクトとして開始されてはならない。マーケティング専門家たちのチームが強力なリーダーシップを発揮してプロジェクトを指揮し、IT支援を含む会社の資源を調整するべきである。組織のあらゆるマーケターが関与することは必須である。データドリブン・マーケティングは決して特効薬ではないし、自動操縦で進むものでもないからだ。

考えるべき問い

▼

- □よりよいデータ管理によって、自社のマーケティング慣行をどのように改善できるか考えてみよう。簡単に達成できる成果は何だろう?
- □自社の製品・サービスの市場を自分はどのようにセグメント分けするか? 自社でセグメント・オブ・ワン・マーケティングを実行するためのロードマップを作成しよう。

第9章

予測マーケティング

先を見越した行動で市場需要を予測する

PREDICTIVE MARKETING

メジャーリーグ・ベースボールの二〇〇一年シーズンの後、オークランド・アスレチックスは、フリーエージェント制度によって三人の主要選手を失った。失った三人の穴を限られた予算で埋めなければならないというプレッシャーの中で、当時のGM、ビリー・ビーンは、翌シーズンに向けて強力なチームを築くためにデータ分析を利用した。従来のようにスカウトや内部情報を使う代わりに、セイバーメトリクス、すなわち試合のデータを統計学的見地から分析して、選手の評価や戦略を考える手法を使ったのだ。

この分析によって、アスレチックスは、出塁率や長打率など、あまり評価されていないデータのほうが、従来の攻撃力データよりパフォーマンスを正確に予測できることに気づいた。出塁率や長打率に注目して選手を採用していたチームは他になかったので、この知見のおかげで過小評価されていた選手を採用して、比較的低水準の年俸総額を維持することができた。ビーンの注目すべき物語は、マイケル・ルイスの著書『マネー・ボール——奇跡のチームをつくった男』(ランダムハウス講談社、2004年)としてまとめられ、ベネット・ミラーの監督で映画化もされた。

この物語は世界中の他のプロスポーツクラブやスポーツ投資家の関心を引いた。ボストン・レッドソックスとリバプール・フットボール・クラブ(FC)のオーナー、ジョン・ヘンリーもその一人だった。リバプールFCの再建には数理モデルが使われた。リバプールFCは、その素晴らしい歴史にもかかわらず、イギリスのプレミアリーグでしばらく成績低迷に苦しんでいた。クラブは分析に基づいて、ユルゲン・クロップ監督を任命し、数人の選手をチームに加入させた。そして、UEFAチャンピオンズリーグ二〇一八〜一九とプレミアリーグ二〇一九〜二〇シーズンで優勝することになる。

これらの物語は予測分析の本質をよく表している。予測分析は、企業が市場の動きを、それが起こる前に先取りして把握することを可能にする。マーケターは従来、過去の行動を説明する記述統計に頼っており、次に何が起こるかについては直観を働かせて推測していた。予測分析では、分析のほとんどが人工知能(AI)によって行われる。過去のデータが機械学習エンジンに投入されると、予測モデルによって具体的なパターンが明らかになる。予測モデルに新しいデータを入れることで、マーケターは、誰が買う可能性が高いか、どの製品が売れるか、どのようなキャンペーンが成功するかといった将来の結果を予測できる。予測マーケティングはデータに大きく依存するので、企業は通常、それまでに構築していたデータエコシステムをベースにしてその能力を強化する(第8章参照)。

先を予測することで、企業は将来を見据えた投資をより積極的に行うことができる。たとえば、現在は取引額が少ない新規のクライアントが大口アカウントになるかどうかを予測できれば、特定のクライアントを成長させるための最適な投資決定が可能になる。新製品の開発に多額の資金を投入する前に、予測分析を使ってアイデアをフィルターにかけることもできる。要するに、予測分析はマーケティング投資収益率の向上に繋がるのだ。

予測モデルの作成は新しい話ではない。データドリブン・マーケターは何年も前から、行動と結果の因果関係を見つけるために回帰モデルを作成している。だが、機械学習によって、コンピューターはデータ科学者からあらかじめ設定されたアルゴリズムを与えられなくても、自力でパターンやモデルを発見することができる。機械学習という「ブラックボックス」から生まれる予測モデルは、往々にして人間の理解や推論を超えている。これは素晴らしいことだ。マーケターは今では、もう過去のバイアスや想定や限られた世界観に縛られることなく、未来を予測できるのである。

予測マーケティングの応用

予測分析は過去のデータを使用し、分析する。しかし、それは過去の企業業績を遡って報告し、背後にある理由を説明するのに役立つ記述統計を超えている。未来に向けてのビジョンを持っている企業は、過去に起こったことだけでなく、それ以上のことを知りたがる。予測分析はまた、コンテクスチュアル・マーケティングで迅速な応答を提供するために使われたり（第10章）、アジャイル・マーケティングでマーケティング活動をテストするために使われたりする（第12章）リアルタイム

図 9-1／予測マーケティングの応用

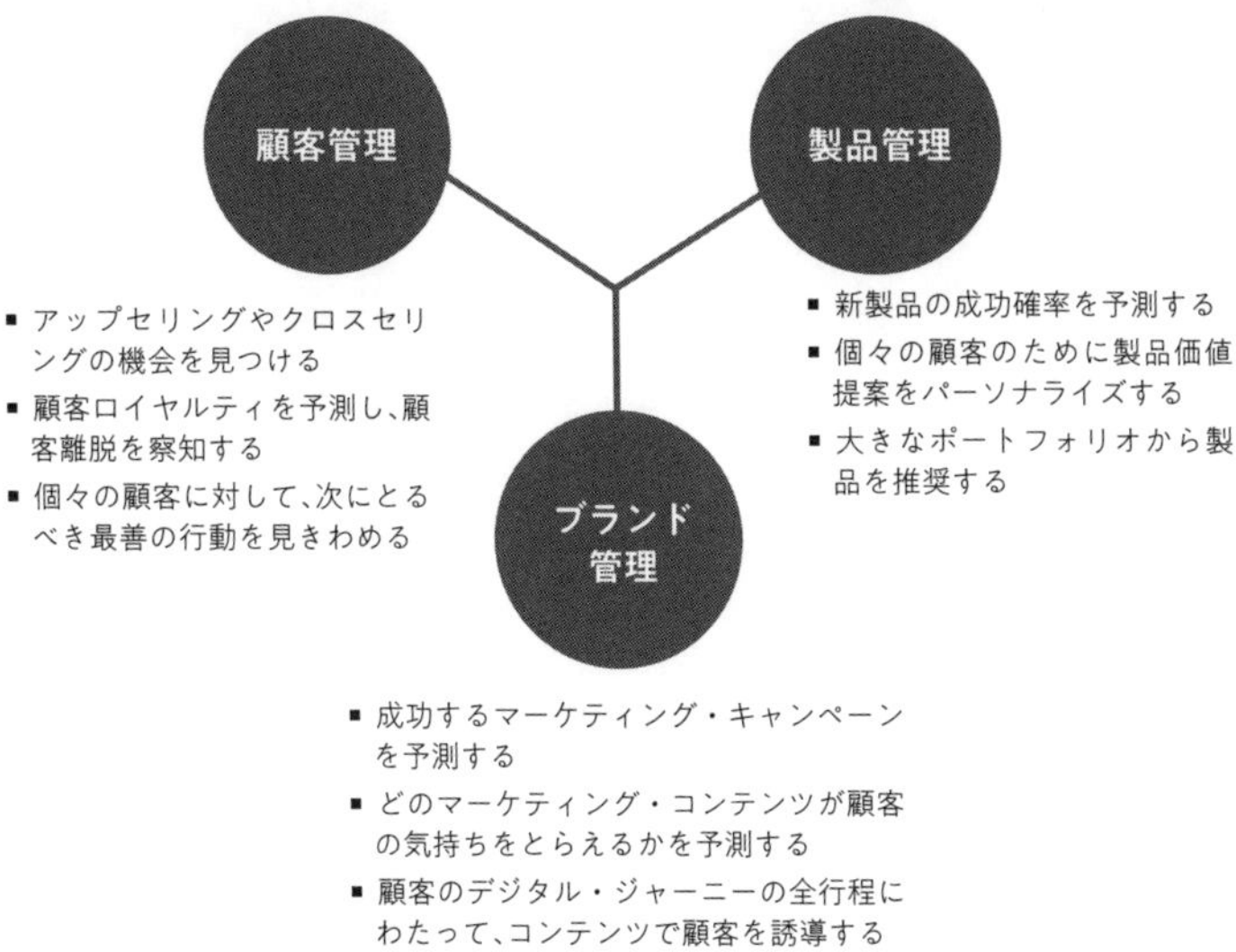
顧客管理
製品管理
ブランド管理
■ アップセリングやクロスセリングの機会を見つける
■ 顧客ロイヤルティを予測し、顧客離脱を察知する
■ 個々の顧客に対して、次にとるべき最善の行動を見きわめる
■ 新製品の成功確率を予測する
■ 個々の顧客のために製品価値提案をパーソナライズする
■ 大きなポートフォリオから製品を推奨する
■ 成功するマーケティング・キャンペーンを予測する
■ どのマーケティング・コンテンツが顧客の気持ちをとらえるかを予測する
■ 顧客のデジタル・ジャーニーの全行程にわたって、コンテンツで顧客を誘導する

分析をも超えている。

予測分析は顧客の過去の行動を検証して、それらの顧客が将来似通った行動や関連した行動を示す可能性を評価する。ビッグデータの中のとらえにくいパターンを発見して、最善の策を推奨する。極めて未来志向であり、マーケターが先回りしてマーケティング対応を事前に準備し、結果に影響を及ぼす上で役に立つ。

予測分析は先を見越した予防措置のために極めて重要であり、マーケティング計画作成のために最適だ。この予測分析によって、マーケターはよりよい意思決定を行うための、自由に使える強力なツールを手にすることになる【図9-1】。マーケターは今では、どの市場シナリオが実際に起こりそうで、どの顧客が追いかける価値があるかを判定できる。また、どのマーケティング行動やマーケティング戦略が成功の可能性がもっとも高いかを、開始する前に評価して、失敗のリスクを大きく低下させることもできる。

予測に基づく顧客管理

将来どれくらいの利益をもたらすかを知らずして顧客をターゲットにし、対応することは、マーケティング投資にとって悪夢である。マーケターはその顧客を獲得、育成するために顧客獲得費や顧客サービス費――広告、ダイレクト・マーケティング、顧客支援、アカウント管理のための費用――を使うべきかどうかを決定する必要がある。予測分析はマーケターが顧客の価値を推定することによって、これらの決定をより適切に行う手助けとなる。

顧客管理のために使われる予測モデルは、カスタマー・エクイティ・モデルと呼ばれている。このモデルは顧客生涯価値(CLV)、すなわち顧客が当該企業と関わる全期間の間に当該顧客から生み出される予想純利益の現在価値を測定する。また、投資収益率に関する長期的で将来を考慮した見方を提供する。これは極めて重要なことである。なぜなら、高い顧客獲得費によって、ほとんどの顧客は一年目や二年目には利益をもたらさない可能性があるからだ。

右で述べた考えは、企業間取引（B2B）を行っている企業や、銀行や電気通信事業者など、顧客との関係が長期にわたるサービス企業にとって極めて理にかなっている。法人顧客に対応する企業は、顧客獲得のために、とりわけ見本市の出展費や販売部隊の人件費といった形で、巨額の費用を投入する。同様に、銀行は広告や契約獲得ボーナスに多額のお金を使い、電気通信事業者は顧客獲得のためにモバイル端末に購入補助金を付けている。これらの企業にとって、一度限りの取り引きや短期的な関係で終わったのではマーケティング・コストが高すぎる。

CLVを推定する際、分析ツールはアップセリングやクロスセリングのオファリングに対して、顧客がどのように反応するかを予測してくれる。アルゴリズムは通常、似通ったプロフィールを持つ顧客たちが、どの製品を同時に購入したかという過去のデータに基づいている。そのうえ、マーケターは個々の顧客との関係の長さを予測できる。予測分析は顧客の離脱を察知することができ、さらに重要な点として、離脱の理由を示すことができる。したがって、企業は顧客減少を防ぐために効果的な顧客維持戦略を展開できるようになる。これらの理由により、予測分析はCLVを予測するだけでなく増大もさせるのだ。

顧客のプロファイリングを行い、彼らのCLVを計算したら、マーケターはネクスト・ベスト・アクション、すなわち、次にとるべき最適な行動を実行する。これはマーケターが一人ひとりの顧客のために、明確かつ段階的な行動計画を統合した顧客中心のアプローチといえる。つまり、「セグメント・オブ・ワン」のためのマーケティング計画である。デジタル・マーケティングから販売部隊までのさまざまなチャネルを通じたインタラクションによって、マーケターはそれぞれの顧客を販売前から販売へ、さらにアフターサービスへと導く。それぞれの段階で、予測分析はマーケターが次にとるべき行動は何か——追加的なマーケティング資料を送るべきか、製品のデモンストレーションを行うべきか、それとも販売チームに営業訪問をさせるべきか——を決定する手助けとなる。

もっと単純に、企業はCLVに基づいて顧客を階層分けすることもでき、それは事実上、資源配分の手段である。階層分けによって、特定の顧客層を獲得、維持するためにどれくらいの資金を配分するべきかが決定される。マーケターはどの顧客と関係を築いて、どの顧客をやがてもっと高いレベルに押し上げるかについて優先順位を付けることができる。

それは、企業がそれぞれの顧客に合わせて異なる顧客インターフェースを提供するための基盤にもなる。利益貢献度の高い顧客は専用の顧客サポートチームにアクセスでき、そうでない顧客は自動デジタル・インターフェースにアクセスするといった具合だ(第11章参照)。

予測分析に基づく製品管理

マーケターは製品ライフサイクルの全体にわたって予測分析を活用できる。予測は製品開発のコンセプトづくりの初期段階から始まる。すでに発売されている製品では、成功している特性の分析に基づいて、適切な特性を備えた新製品の開発に乗り出せる。

この予測マーケティングの実施によって、製品開発チームは何度も最初からやり直すのを回避できる。市場テストや実際の発売で成功する可能性が高い製品デザインやプロトタイプがあることで、マーケターは開発費のかなりの部分を節約できる。そのうえ、何がトレンドになっており、何が潜在的購入者の心を摑むかという外部情報もアルゴリズムに送り込まれるので、マーケターは先を見越して競合他社より早くトレンドを利用することができる。

ネットフリックスを例にとってみよう。このメディア企業は新興の競争相手に対する競争優位を強化し、長期的なコンテンツ費を下げるために、オリジナルコンテンツの制作を始めた。そして、どのようなオリジナルドラマやオリジナル映画を創るべきかについて、予測分析を使って決定した。たとえば、アメリカのテレビドラマ「ハウス・オブ・カード――野望の階段」は、主演ケビン・スペイシー、監督デビッド・フィンチャー、イギリスの連続テレビドラマにヒントを得た政治ドラマという組み合わせが成功をもたらすという予測に基づいて制作された。

予測分析は、既存の製品ポートフォリオから製品オファーを選ぶ上でも不可欠だ。使用される予測アルゴリズムは推奨システムと呼ばれ、顧客の購入履歴や似通った顧客の選好に基づいて製品を提案する。傾向モデルによって、特定のプロフィールを持つ顧客が特定製品をオファーされたとき、購入確率はどれくらいかを推定できる。また、マーケターが顧客にパーソナライズした価値提案をすることも可能にする。モデルが長く稼働して、収集される顧客の反応のデータが増えれば増えるほど、レコメンデーションの精度は向上する。

推奨エンジンは、アマゾンやウォルマートのような小売企業、ユーチューブやティンダーなどのデジタルサービス企業によって、もっともよく利用されている。だが、他の分野にも利用が広がっている。大きな顧客基盤と製品・コンテンツの幅広いポートフォリオを持つ企業ならどこでも、製品推奨エンジンは役に立つと考える。レコメンデーション・モデルは、企業が製品と市場をマッチングするプロセスの自動化を助けてくれる。

そのうえ、予測レコメンデーション・モデルは、複数の製品が一緒に、もしくは組み合わせて購入、使用されるとき、もっとも役に立つ。モデル化には、製品親和性分析と呼ばれるものが含まれる。たとえば、シャツを買った人はそれに合うズボンや靴を買うことに関心があるだろう。また、ニュース記事を読んでいる人は、同じ記者が書いた他の記事を読みたいと思ったり、そのテーマについてもっと知りたいと思ったりするかもしれない。

予測分析に基づくブランド管理

予測分析は、デジタル空間でのブランド・コミュニケーション活動やマーケティング・コミュニケーション活動の計画を手助けしてくれる。データ分析のために必要なおもな作業は、完全なオーディエンス・プロフィールの構築と過去に成功したキャンペーンの主要な構成要素をマッピングすることだ。すると、どのようなキャンペーンが成功する可能性が高いかを予測してくれる。機械学習は絶え間なく行われているので、ブランド・マネジャーは自分のキャンペーンを絶えず評価して、不十分な点があればそれを最適化することができる。

広告表現をデザインしたり、コンテンツ・マーケティングを開発したりするとき、ブランド・マネジャーは機械学習を利用して、コピーとビジュアルのさまざまな組み合わせに対する顧客の関心を評価することができる。ソーシャル・メディアや第三者レビューサイトの感情分析〈書き込みに込められた感情を分析すること〉は、顧客が自社のブランドやキャンペーンについてどのように感じているかを理解する助けになる。また、どのデジタルキャンペーンが最大のクリック数を叩き出すかについてデータを集めることもできる。それによって、ブランド・マネジャーは好意的な感情や高いクリック率など、最適な結果を生み出す広告表現やコンテンツを制作できるのだ。

予測分析は、コンテンツ配信を適切なオーディエンスに導く強力なツールにもなりうる。そのための使い方は二つある。企業はブランデッド・コンテンツ〈自社の姿勢や理念に共感してもらうことを目的とするストーリー性のあるコンテンツ〉を設計し、どの顧客セグメントに届けるのがもっとも効果的か、また、当該セグメントの顧客といつ、どこで関わるべきかを特定するために予測分析を使うかもしれない。また、顧客のプロファイリングを行い、彼らのジャーニーの各段階で、どのコンテンツが彼らの心にもっとも響くかを予測するために使うこともできる。

ブランドが送る大量のコンテンツの中で、顧客は必要な情報をなかなか見つけられないかもしれない。予測モデルは最適な結果を生み出すオーディエンスとコンテンツの適切な組み合わせを予測することによって、解決策を提供してくれる。これによって、マーケターはコンテンツ・クラッター〈コンテンツの混乱〉を打ち破り、意図したオーディエンスにしっかり的を絞った配信が行えるようになる。

デジタル空間においては、複数のウェブサイトやソーシャル・メディアにまたがるカスタマー・ジャーニーを容易に追跡できるので、デジタル・エンゲージメント〈デジタル・チャネルを通じた顧客との関わり合い〉の中で顧客の次の動きが予測できる。マーケターはこの情報を使って、たとえばオーディエンスによってコンテンツを変えられるダイナミックなウェブサイトを設計することができる。顧客がウェブサイトを閲覧しているとき、分析エンジンは次の最善のコンテンツを予測し、それを提示することで、顧客の関心のレベルを徐々に高めて購入行動に近づけるのである。

予測マーケティング・モデルを構築する

予測マーケティング・モデルを構築する方法は、もっとも単純なものからもっとも複雑なものまで多数ある。マーケターがモデルを構築、展開するためには、統計学者やデータ科学者の助けが必要だ。マーケターは統計モデルや数理モデルを深く理解する必要はないが、どのようなデータを使い、どのようなパターンを見つけるかについて専門家チームを指導できるよう、予測モデルの背後にある基本的な考えを理解しておく必要がある。それに加えて、マーケターはモデルの解釈や予測結果の利用を支援する立場にある。

マーケターがさまざまな目的のために使用する、もっとも広く使われている予測モデル作成のタイプをいくつか紹介しよう。

単純な予測のための回帰モデル

回帰モデルは、予測分析におけるもっとも基本的かつ有用なツールである。回帰モデルは独立変数（説明データ）と従属変数（被説明データ）の関係を評価する。従属変数はクリックデータや販売データなど、マーケターが達成しようとしている結果もしくは成果である。それに対し、独立変数はキャンペーンの時期、広告のコピー、顧客の人口統計学的属性など、結果に影響を与えるデータである。

マーケターは従属変数と独立変数の関係を説明する統計方程式を回帰分析によって見つけようとする。つまり、どのマーケティング行動がもっとも大きなインパクトを与え、自社にとって最善の結果を導くのかを理解しようとするのである。

回帰モデルの作成は他のモデルに比べると簡単なので、もっとも広く使われている。カスタマー・エクイティ・モデル、プロペンシティ〈傾向〉・モデル、離脱予測モデル、それに製品親和性モデルの構築など、予測マーケティングの多くに使用できる。

1．従属変数と独立変数のデータを集める

回帰分析のためには、従属変数となるデータセットと独立変数となるデータセットの両方を同時に、十分なサンプリングを行って集めなければならない。たとえばマーケターは、十分なカラーサンプルと実際のクリックデータによって、デジタルバナー広告の色がクリック率に及ぼす影響を調べることができる。

2．従属変数と独立変数の関係を説明する方程式を見つける

マーケターはなんらかの統計ソフトを使って、データにもっともうまく合致する方程式を書くことができる。もっとも基本的な方程式は線形回帰式として知られる直線形である。もう一つの一般的な方程式はロジスティック回帰式で、これはロジスティック関数を使って、買うか買わないか、留まるか離脱するかというような二値従属変数をモデル化する。ロジスティック回帰式は、購入する確率など、結果が起こる可能性を予測するためによく使われる。

3．方程式を解釈して知見を明らかにし、正確度を確認する

次の例を考えてみよう。もっとも適合度の高い方程式が次のように表されたとする。

$$Y = a + bX_1 + cX_2 + dX_3 + e$$

この方程式では、Yが従属変数で、X_1、X_2、X_3が独立変数である。aは切片で、独立変数からの影響がまったくない場合のYの値を表す。b、c、dは、独立変数の係数で、独立変数が従属変数にどれくらい影響を及ぼすかを示す。この方程式では、誤差項、すなわち残差（eと表記されている）を分析することもできる。独立変数が従属変数を完全には説明していない可能性があるため、回帰方程式は必ず誤差を含んでいる。誤差が大きければ大きいほど、方程式の正確度が低いことになる。

4．独立変数を所与として従属変数を予測する

方程式が確定されたら、マーケターは所与の独立変数に基づいて従属変数を予測する。このようにして、さまざまなマーケティング活動の成果を予測することができる。

推奨システムのための協調フィルタリング

推奨システムの構築にあたり、もっとも広く使われている手法は協調フィルタリングである。その根底にあるのは、人々は自分が過去に購入した製品と似通った製品を好み、自分と同じ選好を持つ人々が購入した製品を好むという想定である。このモデルが機能するためには製品を評価する顧客の協調が必要なので、協調フィルタリングと呼ばれている。この手法は、製品だけでなくコンテンツの推奨にも適用される。

簡単に言うと、協調フィルタリング・モデルは次の論理的な流れに従って機能する。

1. 大きな顧客基盤から選好を集める

人々がある製品をどれくらい好きなのかを測定するために、マーケターは顧客が（ユーチューブのように）単純なlike/dislikeで、もしくは（アマゾンのように）星の数による採点で評価できるコミュニティ評価システムを構築することができる。もう一つの方法として、記事を読む、ビデオを観る、製品をほしい物リストやショッピングカートに入れるなど、選好を反映する行動を使うこともできる。たとえばネットフリックスは、人々が視聴する映画によって選好を長期にわたって測定している。

2. 似通った顧客や製品をクラスターにまとめる

似通った製品を評価し、似通った行動を示している顧客は、同じクラスターに分類できる。その根底にあるのは、これらの顧客は（like/dislike に基づいて）同じ心理的セグメントや同じ行動セグメントに属しているという想定だ。別の分け方として、特定の顧客グループから似通った評価を受けている製品をクラスターにすることもできる。

3. 顧客が新製品にどのような評価を与える可能性が高いかを予測する

マーケターは今では、顧客がこれまで見たことも評価したこともない製品に与えると思われる評価を、似通った好みを持つ人々が付けている評価に基づいて予測することができる。この評価予測は、顧客が高く評価し、将来購入する可能性が極めて高い適切な製品をオファーする上で必要不可欠である。

複雑な予測のためのニューラル・ネットワーク

ニューラル・ネットワークは、名前が示すとおり、人間の脳内における神経細胞ネットワークの活動をおおまかに模したものだ。これは、企業が精緻《せいち》な予測モデルを構築するのに役立つ、もっとも一般的な機械学習ツールの一つである。ニューラル・ネットワークモデルは、膨大な数の多種多様な過去の例を処理することによって経験から学習する。このモデルは今日、手軽に利用できるようになっており、たとえばグーグルは、ニューラル・ネットワークを用いる機械学習プラットフォーム、「テンサーフロー」をオープンソース化している。

単純な回帰モデルとは異なり、ニューラル・ネットワークはブラックボックスとみなされている。内部のメカニズムを私たちが説明しにくいからだ。人間が手持ちの情報に基づいてどのように決定を下しているのかを、自分では説明できないことがあるのに似ている。このモデルは、構造化されていないデータからモデルを構築する作業、データ科学者やビジネスチームがどのようなアルゴリズムが最適かを判断できない作業などに適している。

ニューラル・ネットワークがどのように機能するかは、簡単に言うと次の手順で説明できる。

1．二組のデータ——入力データと出力データ——をロードする

ニューラル・ネットワークモデルは入力層と出力層、及びその中間の隠れ層で構成される。回帰モデルの構築の仕方と同じく、独立変数は入力層に読み込まれ、従属変数は出力層に入る。だが、違いは隠れ層にある。隠れ層は事実上、ブラックボックス・アルゴリズムを含んでいるのである。

2．ニューラル・ネットワークにデータ間の繋がりを発見させる

ニューラル・ネットワークはデータを結び付けて、関数、すなわち予測モデルを導き出すことができる。ニューラル・ネットワークの方法は、人間の脳が生涯学習をベースに点と点を結び付けて結論を引き出すやり方に似ている。ニューラル・ネットワークはそれぞれのデータセットの間のあらゆる種類のパターンや関係、すなわち相関関係、関連性、従属関係、因果関係などを見つけ出す。その中には、これまで知られていなかった隠れた関係があるかもしれない。

3. 隠れ層の中の、導き出されたモデルを使って結果を予測する

データ例から導き出された関数は、新しい入力データから出力値を予測するために使われる。そして、実際の出力値がニューラル・ネットワークに読み込まれると、マシンはその不正確さから学習して、時間とともに隠れ層を改善する。それが機械学習と呼ばれるゆえんである。実世界の複雑さゆえに実世界の知見を明らかにするわけではないが、絶え間ない機械学習から生まれるニューラル・ネットワークモデルは、極めて正確な予測をすることができる。

どの予測モデルを使うかは、目の前の問題によって決まる。問題が構造化されていて、把握しやすい場合には、回帰モデルで十分だ。だが、問題が未知の要因やアルゴリズムを含んでいる場合は、ニューラル・ネットワークなどの機械学習の手法がうまくいくだろう。マーケターは手持ちのデータと適合したモデルを見つけるために、複数のモデルを使ってみることもできる【図9-2】。

図 9-2／ 予測マーケティングの方法

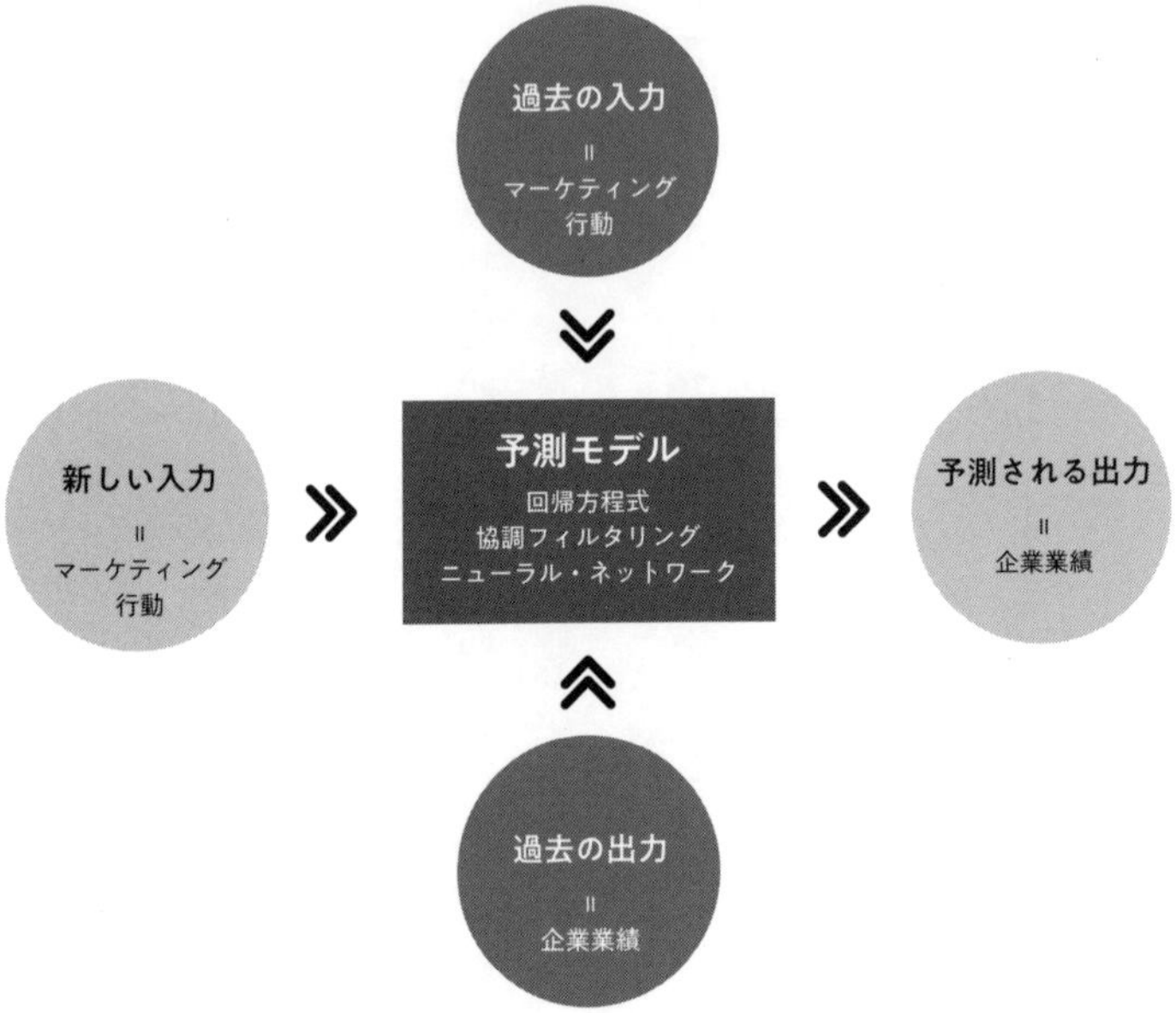

まとめ——先回りして市場需要を予測する

データドリブン・マーケターは、あらゆるマーケティング活動の結果を予測することによって先手を打つことができる。顧客管理の分野では、企業が潜在顧客の価値を関係構築の前に推定し、当該顧客を獲得し、成長させるためにいくら投資するべきかを決定するのに役立つ。

製品管理では、発売前の試作品の販売結果を予測し、幅広いポートフォリオからどの製品ラインをアップセルしたり、クロスセルしたりするべきかを判断できる。そして最後に、予測モデルは、ブランド・マネジャーが顧客の感情を分析して、所与の文脈の中でどのようにブランドを構築するべきかの判断を可能にする。

予測マーケティング・モデルの作成には、回帰分析、協調フィルタリング、ニューラル・ネットワークなどの手法がある。機械学習、すなわちＡＩが、予測モデルの作成に使われるかもしれない。したがって、ほとんどのマーケターが統計学者やデータ科学者の専門的な支援を受ける必要があるだろう。だが、マーケターはモデルがどのように機能し、モデルからどのように知見を引き出すべきかについて、戦略的理解を備えていなければならない。

考えるべき問い

▼

□自社はマーケティングのために予測分析を活用してきたか？　予測マーケティングの新しい応用の仕方を探してみよう。

□自分は予測マーケティングをどのように利用し、どのように業務に組み入れるつもりか？　予測モデルは社内全体でどのように受け入れられるか？

第10章

コンテクスチュアル・マーケティング

パーソナライズされた感覚体験をつくる

CONTEXTUAL MARKETING

ウォルグリーンは二〇一九年、スマートクーラーを試験的に使い始めた。カメラとセンサーとデジタルスクリーンのドアを組み合わせて、買い物客に中の製品はもちろんパーソナライズされた広告も見せる冷蔵庫だ。プライバシーの問題から顔認識や店舗認識は行わないが、買い物客の年齢や性別は推測する。顔検知機能を使って、クーラーのドアに近づいてくる買い物客の人口統計学的属性や感情を推定するのである。さらに、アイトラッキング・センサーとモーション・センサーを使って、買い物客の関心も判断する。

AIエンジンは、これらの知見を天候や地元のイベントなどの外部情報と組み合わせることで、勧めるべき製品やプロモーションを選んでスクリーンに表示する。買い物客がどの製品を選ぶかも追跡し、ドアが閉められた時点で別のマッチング製品を推奨する。ご想像のとおり、スマートクーラーは買い物客の行動について、またどの製品パッケージやキャンペーンが成功するかについて、さまざまなデータを収集するのである。

クーラースクリーンズ社が提供したこのスマートクーラーシステムは、ウォルグリーンにいくつものメリットをもたらしている。このシステムを設置している店舗では、来店客数と売り上げが増加した。スクリーンドアに掲載する広告から追加収益も入る。そのうえ、実験という目的のために、価格やプロモーションをすばやく変更することもできる。最新のブランド・キャンペーンについてフィードバックを得たり、在庫を管理したりすることも可能になる。

このようなダイナミック広告〈ユーザーの閲覧状況に合わせて自動的に最適な広告を配信する手法〉とコンテクスチュアル・コンテンツ〈状況に合ったコンテンツ〉のモデルは、デジタル・マーケティング空間では新しいものではない。顧客のウェブ閲覧履歴に基づいて個々の顧客に合わせた広告を配信するために、メーカーはこのモデルを以前から使ってきた。スマートクーラーによって、このモデルが小売空間に持ち込まれ、物理的世界とデジタル世界の境界を事実上乗り越えている。マーケターは今日、ネクスト・テクノロジーの助けを得て、コンテクスチュアル・マーケティングを自動化方式で行えるようになっている。

実際、モノのインターネット（ＩｏＴ）や人工知能（ＡＩ）などのネクスト・テクノロジーの長期的な目標は、人間の状況認識を再現することだ。熟達したマーケターは、適切な顧客に適切な時に適切な場所で適切な製品をオファーすることができる。長期的な関係を築いている経験豊富な販売員は、顧客を深く知っており、個々の顧客に合わせたアプローチで対応する。コンテクスチュアル・マーケティングでは、状況に合った体験をＩｏＴやＡＩの助けを得て大規模に提供することを使命としている。

スマートセンシング・インフラストラクチャーを構築する

人間は感覚的手がかりを求める環境の精査によって、状況認識を発達させる。私たちは相手の表情や身ぶりを見ることで、その人の感情を識別できる。相手が自分に苛立《いらだ》っているか、それとも自分を好ましく思っているかがわかるのだ。コンピューターが同じことをするには、さまざまなセンサーを使ってあらゆる手がかりを集め、ＡＩがそれを処理する必要がある。

ＰＯＳにおける状況に合った応答のために近接センサーを使う

ＡＩ活用のコンテクスチュアル・マーケティングを生み出す第一歩は、とりわけ販売地点（ＰＯＳ）でセンサーとデバイスが接続されたエコシステムを構築することである。ＰＯＳで使用されるもっとも一般的なセンサーの一つにビーコン――近くのデバイスと通信するブルートゥース低エネルギー送信機――がある。物理的施設に複数のビーコンを設置することで、マーケターは顧客の位置を正確に把握できるだけでなく、顧客の動きも追跡できる。センサーは、接続されたデバイスに、たとえばプッシュ通知という形でパーソナライズされたコンテンツを送信することもできる。

企業は、どのような具体的状況がトリガーとなり、位置ベースのアクションを起こさせるかを決定する必要がある。最善の状況トリガーは顧客の存在である。しかし、応答が本当にパーソナライズされたものになるように、顧客のアイデンティティもしくはプロフィールを認識しなければならない。たとえば、適切な年齢や性別の顧客が小売店の通路に近づいてきたら、カスタマイズされた割引オファーを送信する素晴らしいトリガーになるかもしれない。天候などの環境変数も状況トリガーになるだろう。屋外が暑いときは、おそらく清涼飲料水を勧めるのに最適の時である【図10-1】。

右で述べたことを機能させるためには、顧客がいつも持ち歩いているデバイスを顧客の居場所の代理として使う必要がある。スマートフォンは一つの選択肢である。スマートフォンは顧客がいつも手元に置いている極めてパーソナルなデバイスになっている。このデバイスは多くの人にとって、財布や鍵やカメラの代わりになりつつある。もっとも重要な点として、スマートフォンはセンサーをたくさん搭載しており、ブルートゥースかモバイル・ネットワークを通じて常時接続されている。つまり、スマートフォンはセンサーと接続し、通信することができるのだ。

適切なモバイル・アプリを所持している顧客が近くに来ると、ビーコンか近接センサーがその顧客に通信を試みる。たとえば、顧客がある小売企業用のアプリをインストールしていて、そのアプ

図10-1／コンテクスチュアル・マーケティングのメカニズム

センサーが、近くにいる顧客を感知する
センサーは、その顧客についてあらゆることを学習する
AIがデータを処理してその顧客を特定／プロファイリングする
AIがパーソナライズされた応答を提供する
ユーザーインターフェースがその応答を伝える

リに自分の個人情報でログインしていたとしよう。スマートフォンが近くにあることによって動作すると、ビーコンはカスタマイズされたメッセージをアプリの通知として送ることができる。

小売店、テーマパーク、ショッピングモール、ホテル、カジノ、あるいは他のいかなる物理的施設であれ、あらゆる通路にビーコンが設置されていたらどうなるだろう。企業は顧客のスマートフォンをナビゲーションツールとして利用し、顧客が通路を歩くのに合わせて情報やプロモーション案内を提供できる。それは顧客にとって状況にピッタリ合ったジャーニーを生み出す。メイシーズ、ターゲット（Target）、CVS〈アメリカのドラッグ、コンビニエンスストア・チェーン〉、その他の大手小売企業は、この目的のためにビーコン技術を使っている。

スマートフォンの役割はウェアラブル・デバイスで置き換えることができ、将来は埋め込み型デバイスで置き換えることさえできるだろう。スマートフォンメーカーは、スマートウォッチや小型イヤホンやフィットネスバンドを積極的にオファーしてきたが、これらの製品は顧客にとってより一層パーソナルな機器になりうる。まだスマートフォンほど普及してはいないが、特定のウェアラブル・デバイスは、顧客の小さな移動や健康情報も含んでいるので、さらに有望だ。たとえばディズニーやメイヨー・クリニックは、ＲＦＩＤリストバンド〈ＲＦＩＤとは、無線通信を介してデータを記録した専用タグでモノを識別・管理するシステム〉を使って人々の位置や動きを追跡し、分析している。

生体認証技術を使ってパーソナライズされたアクションを起こさせる

もう一つのよく知られている状況トリガーは、顧客自身である。パーソナル・デバイスを何も持っていなくても、顧客は自分の顔を見せるだけで位置ベースのアクションを起こさせることができる。成長を続けている顔認識技術は、企業が人口統計学的プロフィールを推定することはもちろん、データベースに登録されている顧客なら、個々の顧客を特定することも可能にする。また、適切な相手に状況に合った適切な応答を行うこともできる。

ウォルグリーンのスマートクーラーと同様に、テスコはイギリス国内の自社のガソリンスタンドに顔検出技術を導入し始めた。カメラが運転手の顔をとらえ、ＡＩエンジンが年齢と性別を推定する。運転手は、給油している間に、自身の人口統計学的プロフィールに合致したターゲティング広告を受け取ることになる。

中国のスナック食品チェーン、ベストアは、アリババの顔認識データベースを使って、来店客の顔を、同意を得た上でスキャンして登録している。この技術のおかげで、店員は顧客が来店した瞬間に、その顧客がどのスナックを好むかを――アリババのデータに基づいて――知ることができる。したがって、店員はそれぞれの買い物客に適切な製品をオファーできる。顔認識技術は顧客の識別に役立つだけではない。ベストアは買い物の精算にもアリペイの顔認証決済システム「スマイル・トゥ・ペイ」を使っている。

顔認識技術は、今では人間の感情を察知することもできる。ＡＩアルゴリズムは画像、録画ビデオ、ライブカメラ内の人間の表情を分析することによって感情を推定する。マーケターはこの機能によって、自社の製品やキャンペーンに対する顧客の反応を、誰かがその場で観察することなく把握できる。

したがって、感情推定機能は、製品コンセプトや広告に関するオンライン・インタビュー調査やフォーカスグループ調査に使われている。ウェブカメラへのアクセスを共有している回答者たちに写真やビデオを見てもらい、彼らの表情反応を分析するのである。たとえばケロッグは、クランチーナッツ・コーンフレークの広告を制作するためにアフェクティーバ社の表情分析技術を使った。広告を初めて視聴しているときと再視聴しているときの視聴者の表情を撮影して、彼らが広告に魅了されているかどうかを分析したのである。

ディズニーは自社の映画を上映している映画館にカメラを設置して、感情推定の実験を行った。上映中に何百万もの表情を撮影することで、観客がそれぞれの場面をどれくらい楽しんでいるかを判断できる。そうした結果は、将来の映画制作を向上させるために役立つ。

リアルタイムの分析なので、この技術はオーディエンスの反応に応じたコンテンツを提供するために使うこともできる。わかりやすい事例として、屋外広告版でのダイナミック広告がある。屋外広告会社のオーシャン・アウトドアは、イギリスでターゲティング広告を配信するために、オーディエンスの気分、年齢、性別を推定するカメラを備えた広告板を設置した。

開発中のもう一つの使用例は、自動車のドライバーを対象とするものである。いくつかの自動車メーカーは、体験を向上させるために顔認識技術をテストし始めた。所有者の顔を認識するやいなや車は自動的にドアを開け、エンジンをかけ、所有者の好む音楽を再生することさえできる。また、ドライバーの顔が疲れているように見えることを検知したら、ドライバーに休憩を取るよう勧めるのである。

関連技術として、アイトラッキング・センサーがある。この技術を使うことで、企業は視聴者がたとえば広告やビデオを見ているときどこに注意を集中しているかを、彼らの目の動きによって知ることができる。マーケターはヒートマップ〈二次元データの個々の値を色や濃淡として表現した可視化グラフ〉を作成して、広告のどのエリアがより大きな興奮とエンゲージメントを生み出しているかを把握できる。パレスリゾートは、マーケティング・キャンペーンでアイトラッキング技術を活用した。このホスピタリティ企業は、ビジターがウェブカメラを通じたアイトラッキング技術の使用に同意した上で、ビデオテストを受けられるマイクロサイトを構築している。ビジターは、さまざまなホリデー要素を紹介する二本のビデオから一本を選んで視聴するよう要請される。すると、ビジターの視線がどこに向いているかに基づいて、彼らの関心にもっともよく合う同社のリゾートの一つが推奨される。

人間を認識して状況に即したアクションを作動させるもう一つの方法として音声がある。ＡＩはスピーチの特性――速度、間、口調――を分析して、その背後にある感情を把握することができる。医療保険会社のヒューマナは、コールセンターでコギト社の音声分析システムを使っている。電話をかけてきた顧客の感情を理解し、応対するスタッフに会話技法を示すためである。たとえば、顧客がイライラしているような話し方をしているときは、ＡＩエンジンがスタッフにアプローチを変えるよう助言する。ＡＩエンジンは電話してきた顧客とよりよい関係を築くよう、スタッフを事実上リアルタイムで指導しているのである。

ブリティッシュ・エアウェイズも、機内の乗客の気分を理解するための実験的な取り組みを始めた。乗客の心理状態によって色が変わる「ハピネス・ブランケット」を導入したのである。ブランケットはヘッドバンドと一緒に提供され、このヘッドバンドは脳波をモニターして乗客が不安を感じているか、それともくつろいでいるかを判定する。この取り組みは、ブリティッシュ・エアウェイズがカスタマー・ジャーニーの間の――機内エンターテインメントを観ているとき、食事の間、眠っているときなどの――気分の変化を理解する助けになった。もっとも重要な点として、この技術のおかげで客室乗務員はどの乗客が不安を感じているかを素早く見きわめて、そうした乗客をよりくつろいだ気分にさせることができる。

表情、目の動き、音声、脳波などから気分を読み取る技術は、マーケティングへの応用としてはまだ主流ではない。だが、この技術はコンテクスチュアル・マーケティングの未来を拓く鍵になるだろう。顧客の基本的な人口統計学的プロフィールに加えて、顧客の心理状態を理解することは極めて重要である。

顧客の領域内へダイレクト・チャネルを築く

ＩｏＴは顧客の家庭にも侵入する。セキュリティシステムからホームエンターテインメントや家電製品まで、あらゆるものがインターネットに接続されている。スマートホームの登場は、製品・サービスの宣伝を顧客が生活している場所に直接届けるチャネルを提供する。マーケティングが消費の現場にさらに近づくことになる。

マーケターが顧客の家庭内で使える成長中のチャネルとして、アマゾンエコー、グーグルネスト、アップルホームポッドなどのスマートスピーカーがある。それぞれアレクサ、グーグルアシスタント、Ｓｉｒｉというインテリジェント音声アシスタントを搭載している。これらのスマートスピーカーは基本的に、顧客が質問したり、情報を求めたりする音声検索エンジンとして機能する。検索エンジンと同じくスマートスピーカーも、たくさんの質問を通じて持ち主の習慣や行動について知るようになるにつれて賢くなる。したがって、コンテクスチュアル・マーケティングの強力なチャネルになる可能性がある。

スマートスピーカーでのマーケティングは、まだ初期段階にある。今のところ、どのプラットフォームでも直接広告は提供できないからだ。だが、多くの次善の策が考えられる。たとえば、アマゾンエコーの場合、ユーザーがアレクサに特定のスキルを教え込んで、より役に立つアシスタントにすることができる。P&Gやキャンベルのような企業は、自社の製品に関連するスキルを公表している。P&Gは自社のブランド「タイド」のために、洗濯に関する何百もの質問に答えるアレクサ・スキルを開発した。キャンベルはレシピに関する質問に答えてくれるアレクサ・スキルを公開した。顧客がこれらの質問に対する答えを得ると、ブランドは認知の向上と購買意図の上昇を得ることになる。

ほとんどのスマート家電も、プロモーションに使えるスクリーンスペースを備えている。サムスンのファミリーハブ――タッチスクリーン・ディスプレイ付きの冷蔵庫――のユーザーは、買い物リストを作成して、「インスタカート」というアプリから直接食料品を注文することができる。また、ウーバーに配車を依頼したり、グラブハブにフードデリバリーを注文したりすることもできる。インテリジェント家電エコシステムはマーケターに、適切な製品・サービスを顧客がそれをもっとも必要としている時に直ちに利用できるようにする力を与えている。

家庭における接続デバイスのさらに高度な活用法として3D印刷がある。この技術は高価で複雑とみなされているので、まだ使われ始めたばかりだ。だが、企業はそれを広く利用できるようにする方法を探っている。ハーシーと3Dシステムズは、二〇一四年にチョコレート専用の3Dプリンター「ココジェット」を発売した。ココジェットを使うことで、ユーザーはさまざまな形のチョコレートをつくったり、チョコレートバーにパーソナライズされたメッセージを刻印したりできる。

このような技術は、生産の現場を消費の現場に近づけてくれる。

コンテクスチュアル・マーケティングは企業対消費者の取引（B2C）の場でより広く行われているが、企業間取引（B2B）の場でも大いに活用できる。B2B企業は必ずしも小売店舗を持っているわけではないので、IoTセンサーは顧客の領域内にある自社製品に設置されている。たとえば重機メーカーは、販売する機械にセンサーを取り付けてパフォーマンスをモニターすることができる。そうすれば、予防保守として顧客に定期的にコンテクスチュアル・データを提供でき、結局はコスト削減へと結び付く。

三段階のパーソナライズ体験を提供する

デジタル世界でのカスタム化とパーソナル化は簡単で、マーケターは顧客に関するデジタル情報を使って、顧客のプロフィールに適合するダイナミック・コンテンツを提供できる。物理的空間でのカスタム化とパーソナル化は、かつてはヒューマンタッチに大きく依存していた。IoTやAIのインフラが構築されたことで人間の介入をあまり必要とせずに、企業はマーケティング活動を顧客に合わせて調整するデジタル能力を物理的世界に持ち込めるようになった。

カスタムメイドのマーケティングは三段階で実行できる。第一段階は情報提供マーケティングだ。この段階では、マーケターは適切なオファー——マーケティング・コミュニケーションメッセージ、製品選定、もしくは価格プロモーション——を提供する。第二段階はインタラクティブ・マーケティングで、マーケターは双方向コミュニケーションのインターフェース・チャネルを構築し、顧客と賢く接する。最後の段階は没入型マーケティングで、マーケターは顧客を感覚的体験に深く引き入れる。

第1段階　パーソナライズされた情報

狭い形のロケーションベース・マーケティングは、もっとも一般的な情報提供マーケティングである。この手法はもっとも重要なメタデータの一つである地理的位置を利用する。通常、データは顧客のスマートフォンのGPSを通じて捕捉される。屋内で利用する際には、近接センサーやビーコンを使うことで地理的位置データをさらに強化できる。

地理的位置データを使って、マーケターは通常ジオフェンシング・マーケティングを行う。これは特定の地点（小売店、空港、オフィス、学校など）の周囲に仮想の境界を築き、その境界内のオーディエンスに的を絞ったメッセージを送ることをいう。フェイスブックやグーグルなど、すべての大手ソーシャル・メディアの広告プラットフォームが、このジオフェンシング機能を提供する。つまり、特定のエリアだけを対象とするキャンペーンを行えるということだ。

企業はプロモーショナル・オファーによって、近くの場所や競合店舗から自社の店舗に消費者を誘導するために、ジオフェンシングを使うことができる。セフォラ、バーガーキング、ホールフーズのような企業は、ロケーションベース・マーケティングを行っている。たとえばバーガーキングは、「ワッパーの回り道」キャンペーンによって、アメリカ全土における七千以上の自社店舗の周りにはもちろん、一万四千以上のマクドナルドの店舗周りにもジオフェンスを築いた。バーガーキングのモバイル・アプリのユーザーは、マクドナルドの店舗の近くにいる場合に限り、ワッパー〈バーガーキングの看板メニュー〉を一セントで注文することができた。ひとたび注文すると、ユーザーはマクドナルドの店舗から近くのバーガーキングに移動してワッパーを受け取るよう指示されるのである。

第2段階　カスタム化されたインタラクション

インタラクティブ型のコンテクスチュアル・マーケティングは多層構造になっている。顧客はロケーションベースのオファーによって購入を直接呼びかけられることはない。その代わりに、受け取ったロケーションベースのメッセージに応答するチャンスを与えられる。企業はその応答に基づいて、新たなメッセージを送って対話を生み出す。このアプローチによって、企業は顧客に適切なインセンティブや適切なオファーを与えて、顧客をカスタマー・ジャーニーの次のステップに、すなわち認知から行動に進ませることができる。より包括的なジャーニーで数回のインタラクションを経ることで、顧客は当該製品を購入せずにはいられないという気持ちを強く抱くようになる。

コンテクスチュアル・マーケティングをよりインタラクティブにするために、企業はゲーミフィケーションの原理を使うことができる。ポイント還元アプリ「ショップキック」は、アメリカンイーグルをはじめとする多くの小売企業と協力して、買い物客に「購入への道」を前進するインセンティブを与えている。顧客はその道を一歩進むたびにインセンティブを与えられる。店に入るだけでも、製品についてもっと知るためにバーコードをスキャンするだけでも、試着室で衣服を試着するだけでも、ポイントをもらえるのだ。

もう一つ、セフォラの例を考えてみよう。同社は顧客がロケーションベースのオファーから店内での相談に進めるようにすることで、コンテクスチュアル・マーケティングをよりインタラクティブにしている。このプロセスは、顧客が「セフォラ・バーチャル・アーティスト」——メイクアップ製品を自分の顔に使ったら、どのような感じになるかを顧客が見られる拡張現実ツールで、オンラインでも店内でも利用できる——を試すときに始まる。顧客は、店舗の近くにいるときに、店舗に立ち寄って相談の予約ができますよというメッセージを受け取る。これによって、顧客が製品を買う可能性が高くなる。

第3段階　完全な没入

パーソナル化の最終段階は、センサーや拡張現実、ロボティクスなどの技術の助けを得て、物理的空間で完全な没入感が提供できるときである。それは、実店舗にいる顧客をデジタル体験で包み込むということだ。

たとえば大型小売店は、地理的位置データと拡張現実を使って没入型の店内ナビゲーションを提供している。ロウズのモバイル・アプリを例にとってみよう。買い物客はモバイル・アプリ内にショッピングリストを作成して、自分の買いたい品物をそのリストに入れる。それを行った後に、拡張現実機能を起動させると、目の前のフロアに黄色の道が現れる。その道を辿っていけば、リストに入れた製品のところに最短距離で行くことができる。

ラルフローレンなどのファッションブランドは、物理的世界で没入型のデジタル体験を提供するためにスマート試着室を使っている。顧客は気に入ったファッションアイテムを試着室に持ち込んで、デジタルミラーと情報交換をすることができる。RFID技術によって、試着室に持ち込んだすべてのアイテムが即座に画面に表示される。顧客はその場で別のサイズや色を選ぶこともでき、すると店員がそのアイテムを試着室に持ってきてくれ、特定のスタイリングを推奨することまでしてくれる。

没入型コンテクスチュアル・マーケティングの目的は、物理的世界とデジタル世界の境界を曖昧にして、顧客がシームレスなオムニ・チャネル体験をできるようにすることである。そうすることで、デジタル技術のパーソナル化の力と物理的施設の体験ができるという性質を合体させられるのだ。

まとめ――パーソナライズされた感覚体験をつくる

ＩｏＴとＡＩは、物理的世界でコンテクスチュアル・マーケティング体験を生み出すための強力な組み合わせである。顧客データに基づくダイナミック・マーケティングは、デジタル・メディアから生まれた。デジタル・マーケターはマーケティング・オファーを個々の顧客に合わせて自動的に調整することができる。物理的空間におけるコンテクスチュアル・マーケティングは、かつては顧客の感情を読み取る現場スタッフの能力に左右されることが多かったが、ＩｏＴとＡＩの助けによって、今ではもうそのようなことはなくなった。

図10-2／コンテクスチュアル・マーケティングのトリガーと応答

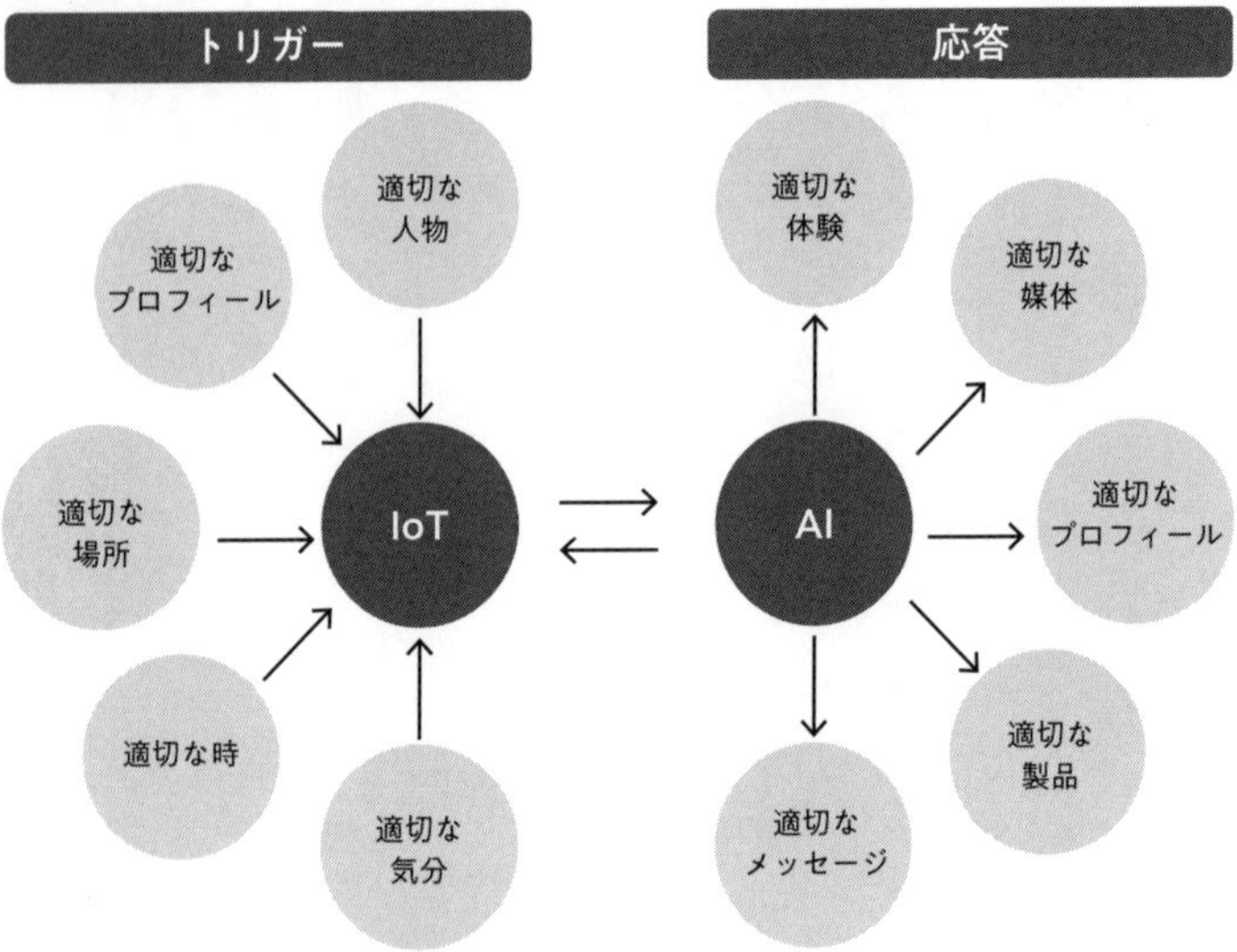

AI活用のコンテクスチュアル・マーケティングを確立するためのもっとも重要な要素は、販売地点（POS）か顧客の領域内にセンサーやデバイスに接続されたエコシステムを構築することである。このインフラが構築されたら、マーケターはトリガーと応答アクションを決定するだけでよい。適切なプロフィールを持つ人物がセンサーの近くに来ると、マーケターはその人物についてさらに情報を得ることができ、適切な製品を適切なメッセージとともに推奨することができる。マーケターはその人物と接することもでき、その人物のために没入型の顧客体験を開発することさえできる【図10–2】。

考えるべき問い

▼

□コンテクスチュアル・マーケティング技術を自社で活用する方法について考えてみよう。IoTとAIの組み合わせを適用する機会として、どのようなものが考えられるか？

□顧客に関するリアルタイムの理解に基づいて、自分のマーケティング・アプローチをパーソナライズする方法を検討しよう。

第11章

拡張マーケティング

テクノロジーを活用したヒューマン・インタラクションを提供する

AUGMENTED MARKETING

一九九〇年代後半の大きなニュースの一つに、典型的な人間対マシンの対決とされたIBMの「ディープブルー」とチェスのグランドマスター、ガルリ・カスパロフとの対局がある。一九九七年、このスーパーコンピューターはついに、長年トップの座に君臨していた世界チャンピオンをチェスの対局で破ったのだ。一年前の初対局ではカスパロフが勝利していたが、この敗北はチェスの世界だけでなく、広く一般の人々の間でも大きな話題になった。

多くの専門家は、この勝利をマシンの知能のほうが優れている証拠とみなした。ディープブルーは一秒間に二億局面を読むことができ、これは人間には不可能な速さだった。カスパロフ自身、対局中に、ディープブルーの能力について予測しきれないと認めている。人間の対戦相手なら表情やボディランゲージから心理を読み取れるので、もっと予測しやすかっただろう。

この対戦の後、カスパロフを含む多くのチェスプレーヤーが、コンピューターを味方に付けることで、自分の棋力を強化できるのではないかと好奇心をそそられた。それはアドバンストチェスとかフリースタイルチェスと呼ばれる競技形態、つまり人間のプレーヤーが次の手を決める前にマシンに相談できる競技形態を生み出した。画期的な知見が明らかになったのは、二〇〇五年、グランドマスターたちとスーパーコンピューターが参加したトーナメントにおいてである。このトーナメントで優勝したのは、三台の普通のコンピューターに支援された二人のアマチュア・チェスプレーヤー、スティーブン・クラムトンとザッカリー・スティーブン（チーム・ザックス）だったのだ。

決勝までの過程で、普通のコンピューターの助けを得ていた数人のグランドマスターが、スーパーコンピューターを使っていたほとんどのチームを打ち負かしていた。グランドマスターではなかったのはチーム・ザックスだけで、このチームも途中でスーパーコンピューター・チームをいくつか打ち破っていた。決勝戦では、チーム・ザックスが、グランドマスターたちと支援コンピューターのチームに勝利した。アマチュアプレーヤーのほうが、どのグランドマスターよりも、また自己学習するどのコンピューターよりも、自分たちのマシンにうまく学習させていたのである。

この話は、人間とマシンが協働すると、人間の専門家と強力なマシンのどちらか一方より常に優れている証拠としてよく引き合いに出される。重要なのは、人間とマシンの最適な共生を見つけることだ。今日のスーパーコンピューターは、微妙な差異を理解する人間の知能を再現することには遠く及ばないし、汎用人工知能（ＡＧＩ）の実現という夢はまだほど遠い（第6章参照）。しかし、コンピューターは人間から特定の機能を引き継ぐことには卓越している。科学技術者たちは、あらゆることができるマシンをつくろうとするのではなく、マシンが人間より優れたパフォーマンスを発揮するいくつかの分野に絞って、狭いＡＩアプリケーションを開発することに集中している。

コンピューターに何をどのように教えるべきかを正確に理解することで、コーチとしての人間はコンピューターの潜在能力を最大限に引き出せる。この前提が、知能増幅（ＩＡ）として知られる技術開発運動に繋がる。人間の知能の模倣をめざす人工知能（ＡＩ）とは対照的に、ＩＡは人間の知能を技術によって強化することをめざす。ＩＡでは、強力なコンピューター分析に支援されるとはいえ、依然として人間が決定を下す主体なのである。

人間がまだ優勢で、コンピューターは支援システムにしかなれないマーケティングの分野で、ＩＡを利用することは、まさに理にかなっている。したがって、拡張マーケティングは、販売や顧客サービスなど、人間対人間のインターフェースを多く含むマーケティング活動に焦点を合わせる。これらの人的資源集約型の業務におけるテクノロジーの役割は、低価値の仕事を引き受けて人間がより賢明な決定を下すことの手助けによって、生産性を向上させることである。

階層型顧客インターフェースを構築する

顧客インターフェース——顧客が企業とコミュニケーションをとる方法——は、顧客体験（ＣＸ）の大きな部分である。ホスピタリティ、ヘルスケア、専門サービスなどの産業や、場合によってはハイテク産業においてさえ、顧客インターフェースの多くは主として人間が担っている。コンシェルジュ、看護師、コンサルタント、それにキーアカウント・マネジャーは、それぞれの分野で重要な資源であり、マシンは適切な体験を提供する彼らの能力には及びもつかない。だが、これらの人材が最高のパフォーマンスを発揮できるようになるまでには、リクルートと能力開発に何年もかかる。こうした事情が企業の拡大を難しくし、事実上、成長の限界を生み出している。

拡張マーケティングはこの問題に解決策をもたらしてくれる。デジタル・インターフェースは、顧客がブランドや企業と接する新しい代替方法を提供するだろう。ガートナーは、二〇二二年には顧客インタラクションの七十二パーセントが、AI、チャットボット、モバイル・メッセージングなどの先端技術を利用するようになると推定している。デジタル・インターフェースは人間対人間のインターフェースに完全に取って代わることはできないが、希少な人的資源をより速く、より賢く働かせることができる。

Y世代やZ世代の登場は、このような拡張マーケティングの必要性をさらに高めるだろう（第2章参照）。この二世代はインターネットを自分の生活にとって不可欠な一部とみなし、テクノロジーを自分自身の延長とみなしている。実際、彼らは物理的な世界とデジタルな世界の間に境界はないと思っており、それを「フィジタル（phygital）」な世界と呼んでいる。迅速さとオンデマンド・デリバリーの必要性は、デジタル・インターフェースへの移行を加速するだろう。

拡張マーケティングは、テクノロジーによって現場業務に価値をどのように加えられるかについて明確にすることから始まる。生産性を向上させる一つの方法は、階層化されたインターフェース・システムを築くことだ。階層化されたピラミッド内に、デジタル・インターフェースと人的インターフェースを混在させることによって、企業は拡大することができる。人的資源を低価値の仕事から解放して、労力をかける価値のある仕事に取り組ませるのである。

階層化されたセールス・インターフェース

販売プロセスにおいて、もっとも一般的な顧客インターフェースの階層化は、セールスファネル全体にわたる顧客ライフサイクルに基づいている。B2B企業では、デジタル・インターフェースによって初期の見込み客を捕捉、育成し、その一方で、絞り込んだ有望な見込み客に対しては、販売チームが働きかける。このアプローチによって、企業は見込み客の掘り起こし活動の対象範囲を広げることができる。同時に、販売部隊の活動を、商談のまとめに集中させることができる。セールスファネルの最終段階では、通常、強力なコミュニケーションスキルや交渉スキルが求められるので、この仕組みは最適だといえる。

オムニ・チャネルを提供することで、小売企業も階層化されたセールス・インターフェースを活用できる。デジタル・チャネルは認知を築き、引き付ける効果を生み出し、試用を促すために使われる。顧客はウェブサイトやモバイル・アプリで製品カタログに目を通し、好みの製品を選ぶこと

図 **11-1** ／ **階層化されたセールス・インターフェースにおける拡張マーケティングの例**

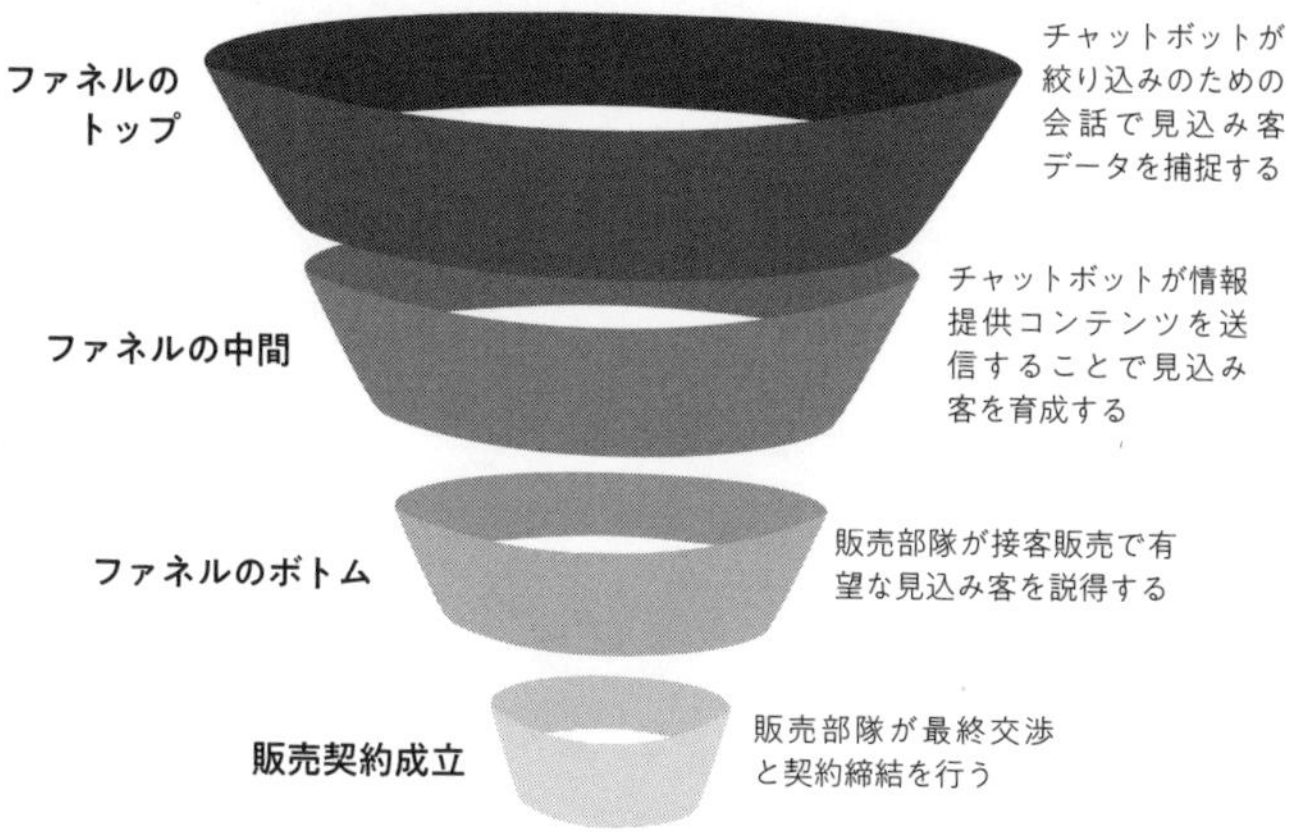
ファネルのトップ
チャットボットが絞り込みのための会話で見込み客データを捕捉する
ファネルの中間
チャットボットが情報提供コンテンツを送信することで見込み客を育成する
ファネルのボトム
販売部隊が接客販売で有望な見込み客を説得する
販売契約成立
販売部隊が最終交渉と契約締結を行う

ができる。セフォラやイケアのような企業は、拡張現実（AR）を使って、潜在的買い手が製品をデジタルで「試す」ことができるようにしている。そうすることで、顧客が実店舗に来たとき、顧客の関心が高まっているので、店員は販売しやすいのである。

販売プロセスにおける人間とマシンの分業は、ファネル全体を通じての活動の専門化に基づいている。このハイブリッドモデルは、もっとも低コストのチャネルからもっとも高コストのチャネルまで、さまざまな販売チャネルを用いる。それぞれのチャネルは、見込み客をファネルのトップからボトムまで進ませるために特定の役割を果たす【図11-1】。

人間とコンピューターの最適な共生を生み出す階層化されたインターフェースを設計するためには、いくつかの段階が必要である。

1. 販売プロセスの段階を見きわめる

典型的な販売プロセスは漏斗（ファネル）のような形になる。つまり、販売チームが大勢の見込み客を段階的に、より少数の顧客に転換させていくのである。販売プロセスの質は、ファネル全体のコンバージョン率に表れる。ファネルプロセスのトップには、認知の構築、見込み客の掘り起こし、見込み客の絞り込み、見込み客データの捕捉といった活動が含まれる。ファネルの中間では、通常、育成して有望な見込み客にすることが必要だ。最後に、ファネルのボトムには、見込み客に会って説得することに加えて、交渉と契約締結が含まれる。

2. 考えられるセールス・インターフェースのリストを作成する

かつての販売プロセスは、認知を築き、見込み客を掘り起こすために、見本市やEメール・マーケティングに大きく頼っていた。見込み客を育成し、成約にこぎつけるためには、電話セールスや顧客に直接会う販売部隊に頼っていた。だが、先進テクノロジーの利用によって、多くの代替インターフェースが浮上してきている。デジタル・マーケティングは、今では認知向上キャンペーンに使えるだけのリーチ〈到達範囲〉を持っている。企業はセルフサービスウェブサイト、モバイルＡＲ

アプリ、ＡＩチャットボット、ライブチャットなど、さまざまな代替チャネルを使って、より低コストで見込み客に働きかけることができる。

3．ファネル活動を最適なインターフェースと組み合わせる

各インターフェースが販売プロセスの中でどの役割を果たすかを決定する際、考慮すべき点は必ずしもコスト削減だけではない。企業は効率性と有効性のバランスをとる必要がある。マーケターは見込み客のプロフィールによって、見本市などのオフライン・チャネルを使うか、ソーシャル・メディアなどのデジタル・マーケティング・チャネルを使うかを選ぶことができる。ファネルの中間やボトムにも同様の理屈があてはまる。販売部隊は極めて有効だが、依然としてもっとも高コストのチャネルである。したがって、ほとんどの企業は、彼らの貴重な時間をとくにファネルのボトムのために使う。ファネルの中間については、ＡＩチャットボットが電話セールスの代わりを果たすことができる。

階層化された顧客サービス・インターフェース

顧客サービスのプロセスにおける――つまり、既存顧客への対処における――顧客階層化のもっとも一般的な根拠として、顧客生涯価値（CLV）と顧客のロイヤルティ・ステータスがある。

CLVとは、それぞれの顧客から生み出される予想純利益をその顧客の予想取引期間に基づいて算出したものだ。CLVやステータスが低い顧客には、低コストのデジタル・インターフェースだけで対応すればよい。それに対し、CLVの高い顧客には、高コストの店員と接する特権が与えられる。サービスの質における階層化は、より多額の購入をすることで、もしくは特定のブランドにロイヤルティを捧げることで、階層を上ろうとするインセンティブを顧客に与えるだろう。

インターネットで見つけられる情報がたくさんあるので、人々は製品やサービスについての問題に直面したとき、自分で解決策を見つけようとする。多くの企業は顧客のために検索可能なオンライン資料を提供することで、こうしたセルフサービスのトレンドを促進している。顧客同士がそれぞれの問題について互いに質問し合えるサポートフォーラムやサポートコミュニティを育成している場合も多数ある。ソーシャル・テクノロジーのこのような利用では、他の人々を手助けしたボランティアにゲーミフィケーション・バッジという褒賞が与えられる。ＩＴ企業における長年のベストプラクティスであるこの手法は、今では他産業の企業でも導入されている。強力なナレッジベースとサポートフォーラムによって、企業は顧客の問題を未然に防ぐことができ、顧客は顧客サービスに連絡するという不要な手間を避けることができる。

オンライン資料やフォーラムから得られるナレッジベースは、大量の構造化データになり、企業はそれを機械学習アルゴリズムに送り込む。顧客は今日、サポートページやサポートコミュニティで答えを探す代わりに、ＡＩに解決策を尋ねることができる。自動化された顧客サービス・インターフェースは、チャットボットかもしれないし、バーチャル店員かもしれない。それは顧客に利便性だけでなく、彼らが求める瞬時の解決策も与えてくれる。また、コールセンターやライブチャットのスクリプトや履歴は今ではＡＩエンジンに転送でき、よくある基本的な質問を持つ顧客に、事実上、手間のかからない選択肢を提供している。

人間とマシンの堅固な共生を基盤とする階層化された顧客サポートシステムを構築するためには、企業はいくつかの段階を踏む必要がある。

1. よくある質問のナレッジベースを築く

企業は過去の履歴から、顧客の質問のほとんどが繰り返し尋ねられる基本的なものであることを学んでいる。こうした質問に答えるために、顧客サービススタッフを使うのは非効率的である。したがって、企業がまず行うべきことは、これらの質問を容易にアクセスできる情報ライブラリーにまとめることだ。優れた構成とカテゴリー化がなされていれば、顧客がナレッジベースを検索する助けになる。企業は実際の顧客のストーリー——顧客が直面する本物の状況やシナリオ——を活用したストーリーボードを使うとよいだろう。さらに、優れたナレッジベースは検索機能を備えていなければならない。また、絶えず新しい情報によってアップデートされることも必要である。

2. 顧客階層化モデルを決定する

分析ツールを使うことで、企業は大量の取り引きを素早く分析して、個々の顧客の記録に変換できる。企業は、各顧客の価値を評価する基準を決めるだけでよい。通常、階層化には金銭的基準（収益、収益性）と非金銭的基準（財布内シェア、取引期間、戦略的重要性）の両方が必要である。企業はこうした基準に基づいて、顧客をいくつかのレベルに分類することができる。階層化はダイナミ

図 **11-2** ／ **階層化された顧客サービス・インターフェースにおける拡張マーケティングの例**

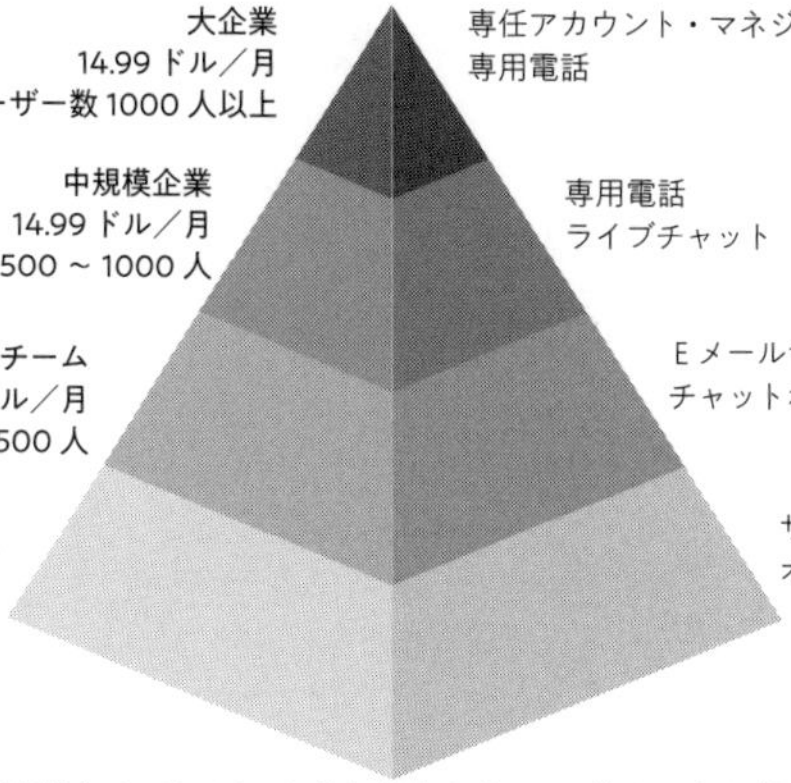

訳注：大企業や中規模企業向けのサービスは、追加的なオプションが加わるため、個人や小規模チーム向けのサービスよりも価格は高い。Zoomサービスなどの料金設定をイメージするとわかりやすい。

ックなものであり、顧客が上昇したり下降したりする仕組みを備えていなければならない。階層がしっかり定義されていれば、それぞれの層の顧客サービス予算を決めるのは簡単だ。予算によって、それぞれの顧客がどの顧客サポートオプションを利用できるかが決まることになる。

3．複数の顧客サポートオプションを用意する

ナレッジベースは、いくつかの顧客サービス・チャネルのために利用できる。まず、ナレッジベースをウェブサイトに載せることによって、セルフサービスオプションを構築できる。ナレッジベースに動くストーリーボードが含まれている場合、そのナレッジベースはチャットボットにもバーチャルアシスタント（たとえばアレクサ・スキ

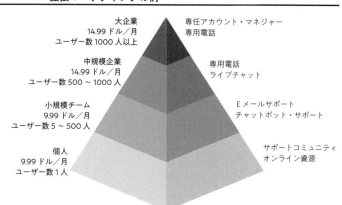

ル）のプラットフォームにも容易に転送できる。顧客がこれらのマシン・インターフェースを経ても答えを得られない場合は、企業は人的インターフェースに進むというオプションを提供する必要がある。フォーラムやコミュニティは、顧客に力を与える素晴らしい方法といえる。だが、他の誰も答えを与えられない場合もあるので、最終的には顧客サービススタッフが、Eメールかライブチャットか電話で答えを与える体制が整えられていなければならない。企業はこれらすべてのオプションをすべての顧客に与える必要はない。低い層の顧客は通常、セルフサービスオプション（オンライン資源やフォーラム）を利用でき、一方、高い層の顧客は自分の好みに応じてどのオプションでも利用できることになる【図11-2】。

現場スタッフのためのデジタルツールを提供する

拡張マーケティングは分業だけを目的とするものではない。デジタルツールは、顧客と直に接する現場の従業員に力を与えることができる。今日、eコマースやオンライン・ショッピングに関する話題が飛び交っているにもかかわらず、小売販売の大部分が依然として実店舗で発生している。ほとんどの顧客がまだウェブルーミング——オンラインで調べて、オフラインで購入——を行っている。したがって、オンラインで何時間もかけて製品について調べ、十分な情報を持っている顧客は、最終的に店舗に来たとき、同様に豊富な知識を有する現場スタッフによる対応を期待するのである。

サービス産業でも似通ったトレンドが生まれている。顧客はホテルや専門サービス会社や教育機関を実際に訪れる前に、レビューを読むようになっている。このようなより賢くなった顧客は高い期待を持っており、そのため現場スタッフの仕事はかつてより難しくなっている。

現場スタッフは、とりわけ小売部門やサービス部門など、接点の多い環境では極めて重要だ。接点の少ない産業においてさえ、現場スタッフはサービスリカバリーの観点から最後の砦になることが多い。彼らは往々にして差別化の源泉になり、ブランドの顔になる。企業は自社の顧客について持っている正しい知識を従業員に伝えることによって、従業員の力を高めることができる。顧客と対面する従業員は、他の手段では伝えにくい事柄について、顧客に正しい知識を伝えるもっとも重要な媒体なのである。

豊かな洞察を備えていることで、現場スタッフはより高い生産性を発揮できる。顧客について正確な推測をするというよりも、販売へのコンバージョンやクロスセリングやアップセリングを行うことに集中できる。取引履歴やＡＩによる製品レコメンドといった情報は、顧客に何をオファーするべきかを従業員が理解する助けになる。顧客のニーズを先取りできることは、現場で仕事をする上で不可欠である。それに劣らず重要なのが、当該顧客をずっと前から知っているかのように、パーソナライズされたインタラクションを提供でき、関係を構築できることだ。

オムニ・チャネル体験の提供をめざす企業にとって、実店舗でのデジタルツールは摩擦を減らす助けにもなる。セフォラのオンラインツール、「デジタル・メイクオーバー・ガイド」の例を考えてみよう。顧客はこのツールでメイクアップ・アーティストに予約を入れる。店舗に行ったら、オンライン・ルックブックを見て、メイクオーバー〈メイクによる変身〉のアイデアを得ることができる。メイクアップ・アーティストは顧客にとって最良の色調を見つけるために、「カラーＩＱ」と呼ばれる小さなスキャナーを使って顧客の肌トーンを把握する。ルックブックとカラーＩＱからの情報を手に、アーティストは顧客にピッタリ合う製品を探してスキャンすることができる。メイクオーバーが完了したら、アーティストは顧客にその手順と製品のリスト――リピート購入のために役立つ情報――をＥメールで送ることができる。

企業は顧客のためのデジタル・インターフェースだけでなく、従業員のためにも同様のものを構築する必要がある。顧客情報の伝達は、モバイル・デバイスかウェアラブル・デバイスを使って行うことができる。たとえばホテルは、顧客が客室内のタブレットか自分のスマートフォンを使ってさまざまなリクエストができるようにし、それらのリクエストが清掃部門や調理場やコンシェルジュに直接、もしくは連絡チャットボット経由で届くようにしてもよいだろう。これはより迅速な対応を促進し、よりよい顧客体験を生み出す。

企業が現場スタッフをサポートする適切なデジタルツールを提供するためには、いくつかの段階がある。

1．従業員が何にフラストレーションを感じているかを理解する

現場業務にデジタルツールを導入する際に犯す最大の誤りは、テクノロジーに重点を置き、導入する理由を重視しないことだ。従業員体験（EX）の理解は、顧客体験（CX）の理解と同様に必要不可欠である。したがって、第一歩として、顧客体験マップの補完情報として従業員体験のジャーニーマップを作成するとよい。現場の仕事は難しいだけでなくストレスも多い。だが、多くの知見を含んでいる。企業は顧客に対応する従業員の声に耳を傾け、彼らのフラストレーションを正確に把握する必要がある。顧客と同じく従業員も、通常、効率の悪さ——従業員にとって時間のかかる活動——や、サービスの潜在的失敗——顧客に望むものを与えられないことで、これは苦情に繋がる——にフラストレーションを感じているのである。

2. テクノロジーがどのように解決策になりうるかを明確にする

従業員が何にフラストレーションを感じているかが判明したら、企業はテクノロジーを活用した有効なソリューションを見つけなければならない。たいていの場合、企業はＩＴシステム全体に統合できるソリューションに注目する。しかしながら、正しい選定をするために欠かせないのは、選定プロセスに従業員を参加させることである。テストは従業員の支持を得て行われる必要がある。こうした手順は、企業が取り組むべき潜在的課題を早期に予測し、賛同者を増やすのに役立つだろう。現場の従業員がテクノロジーをどのように使うのかを理解することも、極めて重要である。適切なハードウェアの選択も必要である。一部の業務にとってはスマートフォンやタブレットが一般的なデジタルツールだが、ハンズフリーでの使用が必要な他の業務にとっては、ウェアラブル端末のほうが理にかなっているかもしれない。

3. チェンジマネジメントに重点を置く

マーケティング５・０の他の要素とは異なり、拡張マーケティングには現場の従業員とイネーブラーとしてのテクノロジーとの緊密な協働が必要である。最大の問題は、とりわけ大勢の現場スタッフを抱えている企業の場合、変化に対する抵抗だ。すべての顧客がテクノロジーに精通しているわけではない。同様に、必ずしもすべての従業員がデジタルに移行する準備ができているわけではない。テクノロジーによる力の拡張に、必ずしもみなが賛成するわけではない。デジタルスキルを高めるための研修は、成功のために不可欠である。だが、学習する必要があるのはスキルだけではない。デジタルな考え方も学ばなければならない。実行の障害をモニターし、修正することも、導入に際して企業が注意を払わなければならない点である。

まとめ――テクノロジーによって強化されたヒューマン・インターフェースを提供する

人間とマシンの共生が最善の結果をもたらす分野の一つが、顧客インターフェースである。基本的かつ単純な質問に対しては、デジタル・インターフェースで十分だ。だが、より相談的要素の強いインタラクションについては、コンピューターはまだ人的インターフェースには及ばない。したがって、階層構造の中での分業は理にかなっている。

販売プロセスでは、ファネルのトップと中間はマシンに任せることができ、一方、ファネルのボトムは販売部隊によって実行される。顧客サービスでは、大部分の顧客にはデジタルのセルフサービス・インターフェースで対応し、顧客サービススタッフはもっとも価値のある顧客にのみ対応する。企業は特化型AIを活用して、デジタル・インタラクションの質を確保するべきである。

拡張マーケティングは、現場の従業員にデジタル技術で力を与えることを目的としている。常時接続している賢い顧客には、十分な情報を持った従業員が対応しなければならない。データによってもたらされる洞察をインタラクションの場で利用できるようにすることで、従業員は個々の顧客に合わせて自分のアプローチを調整できる。顧客と従業員との双方向インターフェースは摩擦の低減にも繋がり、最終的には顧客体験を向上させる。

考えるべき問い

▼

□現場の販売スタッフや顧客サービススタッフの生産性を向上させられる分野を探してみよう。コンピューターシステムによって引き継ぐことができる業務は何か?

□現場スタッフがよりよい決定を下せるよう、彼らに力を与えるにはどうすればよいか? たとえば、自社の販売員は、販売へのコンバージョン率を上げるために顧客ターゲティングデータをどのように活用できるか?

第12章

アジャイル・マーケティング

迅速かつ大規模に業務を実行する

AGILE MARKETING

ザラは過去十年の間にもっとも成功してきた、ファストファッションブランドの一つである。季節的なトレンドを基本にしている従来のアパレル企業とは異なり、ザラの親会社、インディテックス社は、より迅速なターンアラウンド・タイム〈作業の開始から終了までの所要時間〉に基づいて、年間一万種類以上のデザインを送り出している。インディテックス社は最新のトレンドを、キャットウォーク〈ファッションショーでモデルが歩く細長いステージ〉から店頭にわずか二週間で出すことができる。この驚くべきスピードの背後には、アジャイルなデザインとサプライチェーンがある。

インディテックス社は、世界中の著名なアパレルファッションショーのトレンドをモニターしている。また、RFID追跡システムを使って、各SKU〈stock keeping unit＝在庫管理の際の最小識別単位〉の売れ行きを店舗レベルで分析し、どのアイテムに強い需要があるかをリアルタイムで見きわめている。そして、市場から得たこの知見に基づいて、分散型デザイナーチームにどのアイテムを生産するかを指示する。素材の調達はたいていデザインと同時並行で行われ、通常のやり方よりはるかに速く市場に出すことができる。また、ザラの製品は少量ずつ生産され、それによって高い在庫回転率が実現されるとともに、大量生産に移る前に市場の受容性を調べることもできる。

ザラの新製品投入行動はアジャイル・マーケティングの好例といえる。リアルタイムの分析、分散型の迅速対応チーム、柔軟な製品プラットフォーム、同時並行で行われる作業、素早いテスト、これらはすべて俊敏な組織の特徴である。ザラはこのモデルによって、人々の衣服やアクセサリーの買い方を変化させてきた。

だが、ファストファッションの小売業は二極化しつつある。強力な支持基盤を持っているにもかかわらず、ファストファッションの小売企業は、とりわけその膨大な無駄や不公正な労働慣行について批判の対象にもなっている。俊敏な組織は市場の感情を素早く察知し、それに迅速に対応しなければならない。したがって、ザラはサーキュラー・エコノミー〈循環型経済〉――リユースやリサイクルによる素材の継続的使用――に対する支持を宣言した。さらに、二〇二五年までに自社の衣料製品のすべてをサステナブル素材で生産すると約束している。

ザラの俊敏性にとって最大の試金石は、パンデミック後の世界でどのように活動するかである。ザラは通常、自社の店舗をｅコマースのフルフィルメント・センター〈フルフィルメントとは、通販やｅコマースで受注から配送までの業務全体を指す〉として使っている。ロックダウン中は一部の店舗を一時的に閉鎖したが、今後、世界中で一千二百の店舗を閉店すると述べているため、ザラは事業計画を見直している可能性がある。オンラインでのビジネスと実店舗でのビジネスを統合することが、次の十年のザラの命運を決める鍵になるだろう。

なぜアジャイル・マーケティングなのか

製品ライフサイクルの短いことが、ハイテク産業の特徴である。この産業のプレーヤーたちは、どこよりも早く新技術を市場に出し、その技術が時代遅れになる前に最大限の価値を摑みとろうと競争している。企業は新しいトレンドや顧客の行動の変化をモニターし、それに対応する必要がある。新製品から利益を得られる期間が限られているため、新製品の開発サイクルは短くなる。したがって、ハイテク企業は真っ先にアジャイル・マーケティングを採用するのである。

ペースの速いデジタルの世界においてはもちろん、多くの他の産業――アパレル、消費財、家電、自動車――においても、程度の違いこそあれ、製品ライフサイクルの短縮化にみまわれている。これらの産業では、製品に対する顧客の選好が、急増している新しいオファリングによって短期間で変化している。顧客体験（CX）にさえ有効期限がある。かつては魅力的だった体験が、他社が追い付いて、より魅力的な体験を提供すると、途端に期限切れになりかねない。

常時接続のデジタル環境は、このような急速な選好変化をもたらす。かつては極めて私的なものだった顧客体験が、今ではソーシャル・メディアを通じて他の人々に伝えられるものになっている。

そのため、企業がそれを次に再現しようとするとき、「ワオ！」と思わせる要素は必ず減少する。常時接続の顧客はさらに、自分のニーズに二十四時間年中無休で対応してくれる常時接続のブランドを求める。あらゆるものがオンデマンドになっている。トム・マーチの言う新しいＷＷＷ(whatever, whenever, wherever)、すなわち要求に応じて何でも、いつでも、どこでも提供されるようになっているのである。したがって、企業は進行中のトレンドや会話を以前より頻繁にモニターし、それに応じて行動しなければならない。

従来のような事前に計画した新製品投入戦略は、もはや有効ではなくなっている。変動性、不確実性、複雑性、曖昧性（ＶＵＣＡ）に満ちた時代には、企業が長期計画を立ててそれを実行することは、途中で無数の調整を行わないかぎり、不可能になっている。実際、ほとんどの長期計画は、節目の目標に到達したときにはすでに時代遅れになっている。

企業は顧客の変化の速さに対応すると同時に、競争相手より速く行動する必要がある。俊敏性がもっとも重要なのだ。かつては事業の安定性が、企業の拡大と成長における唯一の重要な成功要因だった。事業の安定性は依然として重要ではあるが、新しい成長エンジンの推進力になるアジャイルなチームによってそれを補完することも必要になっている。アジャイル・マーケティングは、企業がマーケティング5・0を実行するためのパズルの最後のピースだ。この規律は、企業が直面しているペースの速い予測不可能なビジネス環境に適しているのである。

アジャイル・マーケティングを構築する

アジャイル・マーケティングには、従来型企業に欠けているある種のマインドセットが求められる。スタートアップ企業はもともと資源が乏しいので、すでにアジャイルなメンタリティを備えている。こうした企業は乏しい予算が尽きる前に、素早く行動しなければならない。しかし、大企業はアジャイル・マーケティングを別の形で採用すべきである。大規模組織に特有の複雑な組織構造と硬直性は、アジャイル・マーケティングにとって最大の敵である。企業は安定した儲《もう》かる事業を維持しながら、次の大きなチャンスを逃さないようにするために、現在の事業とは関係のない独立したチームを設立する必要がある。アジャイルなプロセスは、通常、新しい成長エンジンに重点的に取り組むイノベーションプロジェクトにのみ適用される。

アジャイル・マーケティング組織には、いくつかの重要な構成要素がある【図12-1】。第一に、企業はリアルタイムの分析システムを構築しなければならない。次の要素は、分析によって生成される知見から力を得る分散型アジャイルチームを設立することだ。それから、それらのチームが柔軟なプラットフォームをベースに複数の製品またはキャンペーンの大枠を作成する。これらのチーム

図 12-1 ／ アジャイル・マーケティングを構築する

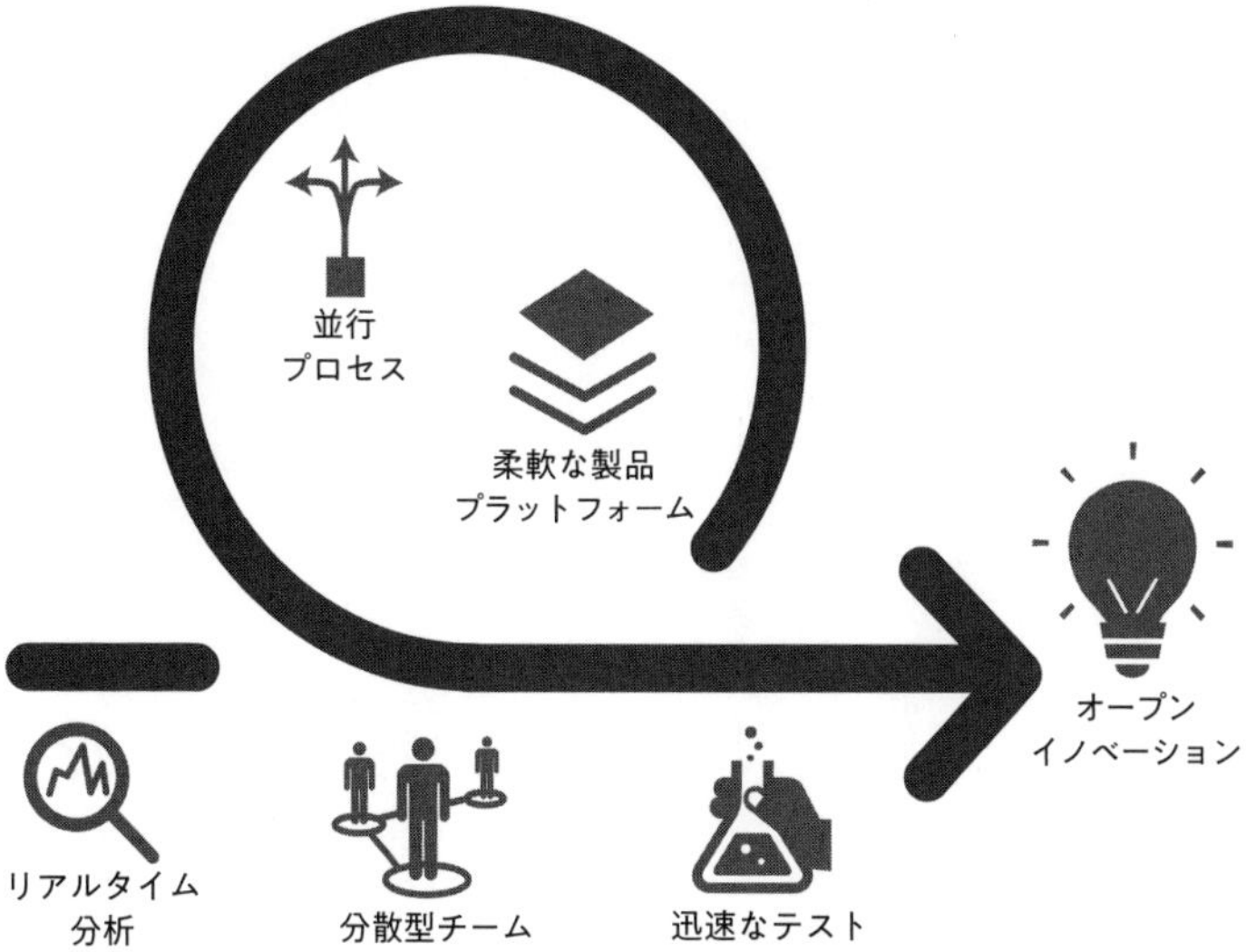

は、コンセプトづくりからプロトタイプの作成まで、同時並行で迅速なテストを行う。実市場での受容性分析によってそれぞれの大枠をテストしたら、どの候補がもっとも好ましい結果をもたらすかを判定する。アジャイルプロセスを実行する際には、企業は自社内外の資源を活用するオープンイノベーションの考え方を採用しなければならない。

リアルタイム分析の能力を築く

アジャイル・マーケティングには迅速対応メカニズムが欠かせない。したがって、最初に構築すべきものは分析能力である。解決策が求められる問題、すなわち成長の機会を見つけ出すことが目的である。この目的のためには、企業は変化をリアルタイムでモニターする顧客データ捕捉能力を持つ必要がある。ソーシャル・メディアモニタリングとも呼ばれるソーシャル・リスニングツールは、ソーシャル・メディアやオンライン・コミュニティでのブランドや製品に関する議論を追跡するのにとくに有効だ。このツールは構造化されていないネット上の会話をフィルターにかけて、キーワード、新しいトレンド、二極化している意見、ブランドに対する感情、キャンペーンの視認性、製品の受容性、競合他社の対応などを、使い道のある顧客情報に変える。これらのデータはジオタギング〈写真やツイートなどへの地理識別メタデータの追加〉によっても強化され、企業は地域や場所ごとに知見を追跡することができる。

ウェブサイトへのアクセスや取り引きに表れる顧客行動の変化を追跡することも必要である。企業は自社のウェブサイト上でのカスタマー・ジャーニーをフォローし、eコマースによる購入をリアルタイムで分析することができる。物理的な店舗を持つ企業にとって、POSデータは特定の製品が市場で好評を得ているかどうかを評価するもっとも一般的な手段である。製品のRFIDタグを使って、購入前のカスタマー・ジャーニーについてより明確な情報を得ることができる。たとえば小売企業は、製品購入前に顧客が決定にかける時間や、製品がレジに行き着く前に顧客がたどるジャーニーについて知見を得ることができる。

RFIDタグは、顧客の同意が得られれば、顧客の動きを追跡し、顧客体験を向上させるためのウェアラブル端末として機能させることもできる。ディズニーは自社のテーマパーク内でのゲストの動きを追跡するために、マジックバンドにRFIDを埋め込んでいる。メイヨー・クリニックも同じ目的のために、患者のリストバンドとスタッフのバッジにRFIDを使っている。B2B企業は、ロジスティクスを管理し、サプライチェーンを最適化するために、RFIDトラッキングシステムを使っている。

これらのトラフィックデータや取引データは、キャンペーンと結果との因果関係、新製品の発売と売り上げとの因果関係などを迅速に分析するのに役立つ。他の分野では、最適なプロダクトマーケット・フィット（PMF）〈製品やサービスが市場に適合し、受け入れられている状態〉の発見が目的とされている。成功を測定するための基準は、企業がキャンペーンや製品の何を改善するべきかを正確に把握できるよう、意味があって行動に結び付くものでなければならない。リアルタイム分析ツールによって、企業は迅速にテストして有効な学びを得ることができる。

分散型チームを設立する

アジャイル・マーケティングには、それぞれ異なる問題に取り組む複数の小さなチームが必要である。チームにとっての武器は、リアルタイム分析によってもたらされる知見だ。アジャイル・マーケティングでは、それぞれのチームに完了までのスケジュールが決められた特定の任務が与えられる。このモデルはスクラム——ソフトウェア開発によく使われるアジャイル手法——からヒントを得ている。マーケティング分野におけるアジャイル手法の適用には、新しいCXの設計、製品イノベーション、マーケティング・プロセスの改善、新規事業の開発などが含まれる。

アジャイル・マーケティングのおもな障害に、部署間の壁がある。多くの大企業が、相容れない重要業績評価指標（KPI）を持つさまざまな部署を連携させるのに苦労している。したがって、それぞれのアジャイルチームは、製品開発、マーケティング・テクノロジーなど、多様な専門知識を持つ部門横断的な専任メンバーで構成されるとよいだろう。少人数で同じ目的に取り組むチームなので、壁を排除できる。同時に、メンバーたちはより参加意識を持ち、自分たちの仕事には意味があると感じるようになる。

部門横断的なチームは、摩擦を減らすだけでなく、いかなるイノベーション・プロジェクトにも欠かせない発散的思考に適している。また、アイデアに命を吹き込むためにも不可欠だ。たとえば、マーケティングの専門家は知見の解釈で重要な役割を果たし、エンジニアリングの専門家は作業用プロトタイプの開発で力を発揮する。それぞれのチームは、独立して目的を達成するために必要な資源を備えていなければならない。

何層もの承認プロセスを必要とする従来の意思決定モデルは、アジャイル・マーケティングにとって時間がかかりすぎる。決定は迅速になされる必要があり、遅れは結果に重大な影響を及ぼす。したがって、チームは自律的でなければならないし、任務に関連する意思決定の権限を与えられていなければならない。このような柔軟なモデルには、トップマネジメントの強いコミットメントが必要だ。アジャイル・マーケティングにおける経営陣の役割は、進捗状況をモニターし、戦略レベルでのフィードバックを与え、チームに自由を与えると同時にコーチングも行うことである。しかし、もっとも重要な点として、経営陣はすべてのアジャイル・プロジェクトを統合して、会社の全体的な目標と整合させなければならない。

柔軟な製品プラットフォームを開発する

アジャイルチームの任務完了に要する時間が短いのは、新しいプロジェクトをゼロから構築するわけではないからだ。あらゆる新しいイテレーション〈短い間隔で反復しながら行われる開発サイクル〉が、プラットフォームと呼ばれる同じ基盤から生まれる。たとえば、顧客が特定の製品を評価するとき、その製品を全面的に好きというわけでも全面的に嫌いというわけでもない。一部の要素は気に入らないが、他の要素は好ましいと思っているかもしれない。それゆえ、あらゆるもの——製品の機能、ソフトウェアの構成要素、顧客タッチポイント、クリエイティブ設計——が、モジュール方式で階層状に設計される。基盤がコア製品となり、他のモジュールはそれにさまざまな形で追加されて製品が拡張されるのである。

ソフトウェア企業や他のデジタル企業は、元来、製品開発において他の企業より柔軟かつ俊敏である。物理的資産を持っていないので、市場の変動性や不確実性によりよく適応できる。デジタル製品にルーツを持つこの慣行は、ハードウェア企業でも広く見られる。たとえば多くの自動車メーカーでは、ごく少数のプラットフォームを製品開発のベースにしている。まったく異なる外観を持ち、ブランドさえ異なるさまざまな車種が、同じプラットフォームを使っているかもしれない。この慣行が採用されているのは、コストを削減し、製造プロセスを世界中で標準化するためである。これによって、自動車メーカーは価格を低く抑えながら、さまざまなカスタムデザインを提供して、多様な市場の選好に対応することができる。

企業が俊敏性を高めるために、ハードウェアの販売からデジタルサービスの提供にビジネスモデルを転換している事例もある。ハードウェアやソフトウェアは、大幅な改良が行われないかぎり顧客が度々買い替える製品ではないため、販売サイクルが比較的長い。したがって、アジャイル・マーケティングはあまり有効ではないかもしれない。テクノロジー企業が法人向けのハードウェアやソフトウェアの販売から、サブスクリプション方式によるサービスの提供に移行しているのは、これが理由である。サブスクリプションという新しい収益モデルによって、テクノロジー企業は完全に統合された、しかも継続的にアップグレードされる製品を提供することができる。

柔軟な製品プラットフォームを使うことで、アジャイルチームはさまざまな候補を迅速にテストして、市場からもっとも好意的なフィードバックが得られるものを短期間で見つけることができる。しかし、もっとも重要な点は、製品プラットフォームとモジュラー部品の使用によって、マス・カスタマイゼーションを行えることだ。顧客はフローズンヨーグルト、靴、ラップトップコンピューターなど、あらゆる種類の製品において、自分独自の組み合わせを選ぶことができるのだ。

並行プロセスを開発する

イノベーション・プロジェクトは通常、コンセプトづくりから発売までのすべての段階が順を追って行われるウォーターフォール・モデル、別名ステージゲート・モデルに従う。各ステージの終わりにチェックポイントがあり、したがって、前のステージが完了しないうちは、次のステージに進むことができない。複数のチェックポイントがあるので、この手法は時間がかかる。

アジャイル・マーケティングでは、このモデルの代わりに、さまざまなステージが同時並行で行われる並行手法が用いられる。明らかな速さに加えて、並行プロセスにはもう一つ大きなメリットがある。ウォーターフォール・モデルは大規模な長期プロジェクトには適していない。プロセスの終わりごろに間違いが見つかったら、最初から全部やり直す必要もありうるからだ。ウォーターフォール・モデルには、極めて硬直的であり、いったんプロジェクトが始まったら大きな変更が許されないという問題もある。並行プロセスは、こうした問題に対する解決策なのだ。

順を追って進められるわけではないので、並行プロセスでは初期段階からイノベーションのあらゆる構成要素——設計、生産、ビジネス事例——が考慮に入れられる。作業も短期的な目標を持つ小さなワークストリーム〈一連の作業〉に分割される。つまり、潜在的な問題があれば、イノベーションが後戻りできないところまで進む前に突き止められ、修正されるのである。

だが、並行プロセスにも克服すべき課題がある。もっとも重大なリスクは、ワークストリームの統合にある。ワークストリーム間の整合性を確保するためには、チーム内及びチーム間の絶え間ない調整が不可欠だ。一つのワークストリームの小さな進歩や変化は、他のワークストリームで調整ができるように、他のメンバーやチームにすべて伝えられなければならない。アジャイルチームはこの調整のために、短い日次ミーティングを行う必要がある。このミーティングは短時間なので、チームは迅速に決定を下さなければならない。アジャイルチームに初めて参加する人々は、それを難しいと感じるかもしれない。

アジャイル・マーケティングでは、開発段階もテストと同時並行で進められる。チームは完了したイテレーションの市場テストを待たずに、すぐに次のイテレーションに移る。したがって、その後の展開に影響を与えるためには、市場テストはイテレーションとイテレーションの間に素早く行われる必要がある。

迅速なテストを行う

迅速なテストは、アジャイル・マーケティングのもっとも重要な要素の一つである。コンセプトテストは従来、発売前の市場調査に頼っていた。発売前の調査は顧客インサイト〈顧客の購買行動の背後にある潜在的欲求〉を発見することに重点を置くもので、発見された顧客インサイトが新製品の開発やキャンペーンにおけるアイデアの基盤になる。これらのアイデアは、続いて回答者集団に示されてコンセプトテストが行われる。コンセプトはまだ仮のもので、たいてい作業用プロトタイプを伴っていないので、回答者は最終製品をイメージしにくい。そのため、コンセプトテストの結果は偏ったものになる恐れがある。そのうえ、通常、結果が出るまでに時間がかかり、変更するには遅すぎるという事態になる。

しかし、アジャイル・マーケティングでは、リーン・スタートアップ戦略によって、実際の製品が少量ずつ生産され、本物の顧客に販売される。市場に出すために必要な最小限の機能を備えた初期の製品は、実用最小限の製品（ＭＶＰ）と呼ばれる。この「製品」の定義は広く、実際の製品、新しいユーザー・インターフェースやユーザー体験、さらにはキャンペーンのアイデアも含む場合があることに留意してほしい。企業が製品の今後の強化や拡張のための初期学習を得られるよう、MVPをできるだけ迅速に発売することは極めて重要である。

迅速なテストを行うことで、企業は制御された環境で学習することができる。テストは企業の失敗を食い止め、リスクを管理できるよう、特定の地理的ロケーションだけで行われる。また、時間とともに製品を改良し続けられるよう、イテレーションは複数回実施される。さらに、リアルタイム分析によって、次のバージョンの発売やより大規模な投入の前に、市場受容性を即座に測定することができる。

テストを行う際、必ずしも当初のアイデアを守り、小さな改良を継続的に加えることが目的ではない。場合によっては、数回のイテレーションに対する市場受容性が極めて低いため、アジャイルチームがプロジェクトのコースを大胆に変える決断をすることもある。分析によって新たに得られたインサイトが、プロジェクトの方向を変えることもある。アジャイル開発では、これはピボッティング（方向転換）として知られている。ピボッティングは簡単にできることではない。なぜならチームは振り出しに戻って、問題や機会を見直さなければならないからだ。思うようにいかないときに素早く方向転換する能力は、概して従来型組織とアジャイル組織の最大の違いとみなされている。

オープンイノベーションを利用する

アジャイル方式はチームを軸に展開されるが、企業が何もかも社内でやらなければならないということを意味していない。市場に投入されるまでの時間を短縮するために、企業は社内、社外、両方の資源を活用するべきだ。「オープンイノベーション」というコンセプト――ヘンリー・チェスブロウによって提唱されたもの――は、アジャイル・マーケティングと整合している。このアプローチをとることで、企業はアイデアやソリューションや専門人材のグローバルなプールを利用することができる。そのうえ、コストの高い自前のイノベーション研究所や研究開発センターを設立する必要がない。

今日、企業はインサイド・アウト（内から外へ）とアウトサイド・イン（外から内へ）の両方のアプローチを使って、自社のイノベーションプロセスを開かれたものにしている。大企業は、社内で生み出した技術を外の世界に開放してオープンソース化している。そうすることで、世界中に広がる開発者コミュニティが、それらの技術を踏まえて、ソースコードに改良を加えることができる。たとえばグーグルは、自社の最先端ＡＩエンジン「テンサーフロー」をオープンソース化している。

企業は外部ネットワークのアイデアも受け入れてきた。顧客との共創やサードパーティとの協働は、イノベーションを加速し、その質を高めることが実証されている。企業が外部のアイデアを利用する方法はいくつかある。もっとも一般的な方法はオープンイノベーション・チャレンジである。自社が直面している課題をネット上に公開して、解決策を提案してくれと頼むのだ。シンガポール航空は「アプチャレンジ」キャンペーンを通じて、顧客体験を刷新するデジタルソリューションを見つけようとしている。チューリッヒ保険会社は「チューリッヒ・イノベーション・チャンピオンシップ」で、AIや自然言語処理（NLP）を含む、保険部門にとってのテクノロジーのアイデアを求めている。

外部のアイデアを集めるもう一つの方法が、オープンイノベーション市場の利用である。こうしたプラットフォームの一つが「イノセンティブ」で、イノベーションを求める側（シーカー）と、金銭的報酬と引き換えにアイデアを提供する人々（ソルバー）とのネットワークの仲介役として機能している。企業自身が外部のイノベーション・パートナーたちとのネットワークを築くこともできる。有名な例がP&Gの「コネクト・アンド・ディベロップ」で、P&Gがイノベーターや特許権者とのパートナーシップを管理するのに役立っている。

オープンイノベーション・モデルを使う際の最大の課題は、アジャイルチームとイノベーション・パートナーたちの連携である。アジャイルチームは通常、限られた時間で緊密な協働を確実にするために同じ場所で活動している。オープンイノベーションでは、アジャイルチームが外部のパートナーと協働して、分散型アジャイル・モデルを構築する必要がある。

アジャイル・マーケティング・プロジェクトの管理

マーケティング・プロジェクトの管理にアジャイル原則を適用するためには、迅速かつ簡潔な記録の作成が必要だ。必要事項を一ページのワークシートにまとめれば、アジャイルチームが具体的なマーケティング・プロジェクトを理解するのに役立つ【図12-2】。アジャイルシステムでは調整が不可欠なので、記録文書はあらゆるサイクルでなされた小さな前進を伝えるコミュニケーションツールでもある。

ワークシートはいくつかの必須要素を含んでいなければならない。一つは市場の必要性の欄で、ここにはリアルタイムデータに基づいて解決すべき問題と改善機会を記載する。提案された解決策とイテレーションも、実用最小限の製品の定義を明示して、きちんと記録されなければならない。ワークシートには、必要不可欠な作業も、タイムラインと担当者の名前とともに記載されるべきである。最後に、市場テストの結果も記載される必要があり、これは次のイテレーションに役立つはずである。

図 12-2 ／ アジャイル・マーケティングのワークシートの例

マーケティング戦略	販売タッチポイントのCXを改善する
ワークストリーム	見込み客の掘り起こしのチャットボットを開発する
サイクル	1.0
タイムライン	7月 第1～4週

チーム

ビル（営業部）
レア（顧客サービス部）
ジョン（マーケティング部）
アリアナ（テレマーケティング部）
テイラー（IT部）

市場の必要性

顧客の問題

- ウェブサイトでの質問に対する平均応答時間：48時間

社内の問題

- 月当たりのインバウンドの質問：5,000
- 管理スタッフ：2
- 月当たりのクオリファイドリード：500
- 質問のタイプ：58％製品関連、11％実演要請

解決策／改善策

実用最小限の製品

- 既存のチャットボットビルダー・プラットフォームに基づいて
- 即答機能を持つ会話型チャットボット
- 製品関連の質問の50％に対応可能

おもな目標と測定基準

- 最初の月のユニークなチャットボットユーザー：1,000
- 最初の月のクオリファイドリードの数：200

作業	時期	担当者
プラットフォームの比較、選定	第1週	テイラー
FAQに対する回答の作成	第1～2週	ビル
カンバセーションフローの設計	第2～3週	レア
ストーリーボードの作成	第2～3週	ジョン
ベータ版の構築	第3～4週	テイラー
ベータ版の配布	第4週	テイラー

市場テストの結果

おもな目標と評価基準

- 最初の月のユニークなチャットボットユーザーの数：500
- 最初の月の適格な見込み客の数：50

フィードバック

- ウェブサイトへのチャットボット導入は目立っていない。訪問者はチャットボットに気づいていない
- ユーザー一人当たりの平均インタラクションは2.3。これを主要目標＆評価基準に追加する
- 自動実演のスケジュール作成を次の優先課題として、より多くの使用例を追加する必要がある

ワークシートはサイクルごとかイテレーションごとに作成され、すべての関係当事者に配布されなければならない。だが、記録作成プロセスは、チームにとって決して事務処理的な負担にはならない。というのも、あらゆるマーケティング・プロジェクトにおいて、目的を行動や結果と整合させることを狙いとしているからである。

まとめ――マーケティング戦略を迅速かつ大規模に実行する

どの産業においても、顧客の期待の絶え間ない変化と新製品の急増により、製品ライフサイクルが短くなっている。この現象は顧客体験でも起こっており、顧客体験が短期間で時代遅れになることもある。

従来のマーケティング計画策定モデルやプロジェクト管理モデルは、新しい環境には適さない。長期的なマーケティング戦略はもはや妥当性がなくなっている。イノベーションに対するウォーターフォール型アプローチは、時間がかかりすぎるとみなされている。常時接続の顧客は、企業が組織の柔軟性に遅れずについていくことを求めており、そのためにはアジャイル・マーケティングのアプローチが必要である。事業の安定性も、成長の促進剤になるアジャイル・マーケティングで補完される必要がある。

アジャイル・マーケティングの実行には、いくつかの構成要素が必要だ。一つはリアルタイム分析で、これによって企業は市場に関する知見を素早くとらえることができる。新たに発見されたアイデアに基づいて、マーケティング戦略は、分散型アジャイルチームによって少しずつ漸進《ぜんしん》的に設計、展開される。チームは柔軟なプラットフォームと並行プロセスを使って、実用最小限の製品を生み出す。それから製品イテレーションが迅速にテストされる。このプロセスをさらに加速するために、企業はオープンイノベーションを利用して、社内の資源だけでなく、社外の資源を活用してもよいだろう。

考えるべき問い

▼

- □自社の俊敏性を評価しよう。アジャイル・マーケティングを自社で実行するための障害は何か？
- □自社ではアジャイル・マーケティングを使ってどのようなマーケティング戦略を設計、展開できるか？　すべての構成要素を使い、アジャイル・マーケティングのワークシートを利用しよう。

謝辞

著者たちとのブレインストーミングに膨大な時間を費やしてくれたマークプラス社のリーダーシップ・チーム――マイケル・ヘルマワン、ジャッキー・ムスリー、タウフィック、ビビエ・ジェリチョ、エンス、エスタニア・リマディニ、ヨサノバ・サビトリー、エドウィン・ハルディ――に感謝したい。

ワイリー社のリチャード・ナラモアには、彼のビジョンと『マーケティングX・0』シリーズに対する継続的なコミットメントに特別な感謝を捧げたい。リチャードなくしては、これらの書籍は実現していなかっただろう。ワイリー社の編集チーム――デボラ・シンドラー、ビクトリア・アンジョ、リンダ・ブランドン――にも、本書制作中の素晴らしい協働に対して謝意を表したい。

解説

本書、『コトラーのマーケティング5・0―デジタル・テクノロジー時代の革新戦略―』は、フィリップ・コトラー、ヘルマワン・カルタジャヤ、イワン・セティアワンの三氏による *Marketing 5.0: Technology for Humanity* の日本語版である。

原著が出版された時、大きな期待と注目が集まった。ダートマス大学のケビン・ケラー教授は「デジタル・テクノロジーをマーケティングの思考、計画、そして実践に大胆に結び付けた」と述べ、ウォートンスクールのジョージ・デイ教授は「ビジネスの在り方をトランスフォームするデジタル・テクノロジーに向けてのタイムリーで広範囲に及ぶガイドである」と述べている。デジタル・テクノロジーをマーケティングにどのように生かしたらよいのかについて悩む人々にとって、5・0は考え方を整理してくれる最高の贈り物となった。

原著が出版されてから多くの人に、5・0の訳書はいつ出版されるのですかと尋ねられた。それには、大きく二つの理由があるだろう。一つは、原著が出版されるや否や、ベストセラーに輝いていたという点である。原著を手に取った方もいるだろうが、はやく日本語でベストセラーを読んでみたいと思った読者は多いはずである。もう一つは、『マーケティング3・0』『マーケティング4・0』『リテール4・0』という数字のアイコンを伴った、これまでのシリーズに連なっている点である。映画のシリーズ作品と同様に、過去に注目されたものの続編は期待される。新しいマーケティングの境地を切り拓いてきた3・0や4・0に続く5・0では、どのような新しいマーケティングの扉が開かれるのか、多くの読者は待ち望んでいたはずである。このたび、本書5・0を日本語版で出版することができ、本当に嬉しく思っている。

＊　＊　＊

本書5・0は、3・0と4・0の延長上に位置している。5・0を読んでいただく上で、過去の流れを押さえておくことは、本書に理解を深めてくれるはずである。

シリーズ第一作となる3・0が発表されたのは二〇一〇年であり、製品中心のマーケティングや顧客中心のマーケティングから、人間中心のマーケティングへのシフトを訴えた。社会問題や環境問題を含めたマーケティングの考え方は、アメリカはもちろん世界中で支持され、二十七言語で出版されている。今日のマーケティングを論じる際、ソーシャル・インパクトを無視することはできなくなっている。

シリーズ第二作となった4・0は二〇一七年に発表された。デジタル化が本格化した時、マーケティングでは、何に目を向けたらよいのかが示された。企業がデジタル・メディアやデジタル・チャネルをどのようにマーケティングに取り入れたらよいのかについて、大きなヒントを与えてくれた。とりわけ、デジタル時代のカスタマー・ジャーニーを浮き彫りにして、オムニ・チャネルなどのアプローチにも触れながら、フィジカルとデジタルの融合について提唱している。

同じ4・0であっても、二〇二〇年に出版されたリテール4・0ではリテール分野に絞り込んだ議論が展開された。「リテールは、あらゆる企業努力が具現化する段階であり、顧客・消費者のニーズとウォンツが満たされる段階である」という言葉に集約されているように、コトラー教授らは「リテール」を単に「小売り」もしくは「小売業」としてとらえるのではなく、もっと広くHtoH、つまり人対人におけるさまざまな売買の局面としてとらえた。デジタル化が進む社会では、リテールの守備範囲を広くとらえる必要があり、製造業、卸売業、小売業といった伝統的な切り分けは、ほとんど意味を持たなくなっている。デジタル・プラットフォームでの売買だけでなく、大きく変化するリアル店舗の機能についても取り上げている。

＊　＊　＊

原著である*Marketing 5.0*の副題に*Technology for Humanity*とあることからもわかるように、本書ではテクノロジーに光を当てている。インターネットがそうであったように、人工知能（AI）や自然言語処理（NLP）などの新しいテクノロジーは、マーケティングの在り方を一変させる可能性を秘めている。これらのテクノロジーに対して、マーケターはどのように向き合ったらよいのかについて正面から論じたのが本書である。

本書は、4部12章で構成されている。第1部は「序論」で、第1章のタイトル「マーケティング5・0へようこそ」からもわかるように、テクノロジーとマーケティングとの関わりが述べられている。デジタル時代の今日、新しい顧客体験（CX）が求められる。AI、NLP、センサー技術、ロボティクス、拡張現実（AR）と仮想現実（VR）、IoTとブロックチェーンなどが、顧客体験とどのように結び付くかについて解説されている。

第2部は「デジタル世界でマーケターが直面する課題」である。第2章「世代間ギャップ」では、ベビーブーム世代から、X世代、Y世代、Z世代、さらにアルファ世代まで、各世代の特徴とそれに応じたマーケティング課題が述べられている。第3章「富の二極化」では、雇用や思想やライフスタイルなどが二極化している現実社会を取り上げて、マーケティングの取り組みにおいていかに包摂性や持続可能性を推し進めたらよいかを示した。第4章「デジタル・ディバイド」では、一方において大きな可能性を秘めたデジタル化の可能性を述べ、他方においてデジタル化の危険性について取り上げた。

第3部「テクノロジー支援マーケティングのための新戦略」は、第5章「デジタル化への準備度が高い組織」、第6章「ネクスト・テクノロジー」、第7章「新しい顧客体験」という三つの章で構成されている。企業がマーケティング5・0を展開するにあたって、留意すべき環境について整理した部分である。デジタル化への組織の準備段階を確認し、テクノロジーの種類を提示した上で、デジタル世界での顧客体験が示されている。

第4部「マーケティング・テクノロジー活用の新戦術」では、マーケティング5・0の五つの基本的な構成要素が示されている。それらは、「データドリブン・マーケティング」「予測マーケティング」「コンテクスチュアル・マーケティング」「拡張マーケティング」「アジャイル・マーケティング」であり、第8章から第12章までの各章を割いている。五つの構成要素のうち、予測、コンテクスチュアル、拡張の部分は、相互に関係した取り組み内容であり、これらの取り組みを組織がどのように使いこなせるかは、残る二つのデータドリブンとアジャイルというディシプリン（規律）にかかっている。つまり、マーケティング5・0を推し進めるのであれば、最初からデータドリブンでなければならず、市場の変化にリアルタイムで対応するためにアジャイル（俊敏性）が求められるというのである。

＊　＊　＊

原著の翻訳はこれまでの3・0と4・0に続き、本書でも藤井清美氏にお願いすることができた。平易で読みやすい訳文である上に、過去に蓄積された経験もあって、訳文を確認させていただく監訳作業は問題なく進んだ。難しいと思われる専門用語や略語などについては、意見交換をしてすり合わせ、できるだけ読みやすい仕上がりをめざした。翻訳書として原文に忠実であろうとすると、どうしても読みにくさが残ってしまうが、そうした違和感をできるかぎり取り除くことを心掛けた。

なお監訳作業を進めるにあたり、早稲田大学大学院商学研究科に在籍する齋藤梨菜さんと高須梨紗さんの協力を得た。大学でマーケティングを学び、新しいマーケティングの動きに興味を持っている二人は、まさに本書のコアターゲットといえる。読者の一人として読み進めていただき、理解しにくい箇所や違和感のある箇所を指摘してもらった。忙しい時間を割き、忌憚《きたん》のない意見を述べてくれた二人に感謝したい。

今回の編集作業も、これまでと同様に朝日新聞出版書籍編集部の海田文氏が担当してくれた。ホテルのロビーや大学の研究室などで、私のスケジュールに合わせてミーティングを重ね、丁寧な編集作業を進めてくれた。心よりお礼申し上げたい。

二〇二二年四月

早稲田大学商学学術院教授　恩藏直人《おんぞうなおと》

【わ行】

※見出しや図内の用語も含めました

【ま行】

【や行】

【ら行】

【な行】

【は行】

【た行】

【さ行】

【か行】

【あ行】

◉索引

【英数字】

◉著者紹介

フィリップ・コトラー（Philip Kotler）

ノースウエスタン大学ケロッグ経営大学院マーケティング学名誉教授。同大学院S・C・ジョンソン&サン国際マーケティング講座教授。「近代マーケティングの父」と広くみなされている。ウォールストリート・ジャーナル紙のもっとも影響力のあるビジネス思想家ランキングで、上位6人の一角を占めている。シカゴ大学で修士号を、マサチューセッツ工科大学で博士号を、どちらも経済学で取得しているほか、世界各地の大学から多くの賞や名誉学位を授与されている。極めて大きな国際的存在感を示しており、世界各地でたびたび講演しているほか、著書は25以上の言語で翻訳されている。

ヘルマワン・カルタジャヤ（Hermawan Kartajaya）

マークプラス社の創業者で、執行役会長。イギリス公認のマーケティング協会から、「マーケティングの未来を形づくった50人のリーダー」の1人に選ばれている。ネブラスカ大学リンカーン校汎太平洋ビジネス連合からディスティンギッシュト・グローバル・リーダーシップ賞も受賞している。中小企業研究アジア協議会――中小企業研究国際協議会（ICSB）の支部が寄り集まった地域協議会――の現会長で、アジア・マーケティング連盟（AMF）の共同創設者。

イワン・セティアワン（Iwan Setiawan）

マークプラス社のCEO（最高経営責任者）として、企業の経営戦略やマーケティング戦略の設計を支援している。講演・執筆活動をたびたび行っており、オンライン・マガジン、Marketeersの編集長も務めている。ノースウエスタン大学ケロッグ経営大学院で経営学修士号（MBA）を、インドネシア大学で工学の学士号を取得している。

恩藏直人（おんぞう・なおと）

早稲田大学商学学術院教授。博士（商学）。1982年早稲田大学商学部卒業後、同大学大学院商学研究科を経て、96年より教授。専門はマーケティング戦略。著書には『コトラー、アームストロング、恩藏のマーケティング原理』（共著、丸善出版）、『マーケティングに強くなる』（ちくま新書）、監修には『コトラーのマーケティング入門』（丸善出版）などがある。

藤井清美（ふじい・きよみ）

京都大学文学部卒業。1988年より翻訳に従事。訳書には『スティグリッツ教授の経済教室』（ダイヤモンド社）、『コトラーのマーケティング4.0』『いますぐ金を買いなさい』（共に朝日新聞出版）などがある。

コトラーのマーケティング5.0
デジタル・テクノロジー時代《じだい》の革新戦略《かくしんせんりやく》

2022年４月30日　第1刷発行
2024年10月30日　第4刷発行

著者　フィリップ・コトラー＋ヘルマワン・カルタジャヤ＋イワン・セティアワン
監訳者　恩藏直人
訳者　藤井清美
発行者　宇都宮健太朗
発行所　朝日新聞出版
〒104-8011　東京都中央区築地5-3-2
電話　03-5541-8832（編集）
03-5540-7793（販売）
印刷所　大日本印刷株式会社

Published in Japan by Asahi Shimbun Publications Inc.
ISBN 978-4-02-251818-7